일본어 마스터로 가는 새로운 길라잡이

2ND EDITION

다락원 뉴코스 일본어

STEP 2

채성식 · 조영남 · 아이자와 유카 · 나카자와 유키 공저

다락원

머리말

"체계적, 단계적, 효율적인 일본어 학습을 위한 교재란?"

일본어 교재를 만들어 본 경험이 있는 사람이라면 누구나 한 번쯤은 고민해본 적이 있는 이 물음에서 저희 저자들도 자유로울 수 없었습니다. 하지만 저희가 내린 나름의 결론은,

"기본으로 돌아가자!"

였습니다.

'기본'이란 단어는 동전의 양면과도 같습니다. 그 사전적 정의만 놓고 보자면 이보다 더 쉬운 단어도 없겠으나 정작 '무엇'을 '기본'으로 다루어야 하는가라는 문제에 이르게 되면 이보다 난해한 단어도 없을 것이기 때문입니다. 막상 '기본으로 돌아가자'라는 방향성을 설정하고서도 '무엇'을 일본어 교재의 '기본'으로 삼아야만 하는가에 대해 다시금 진지하게 고민하지 않을 수 없었습니다.

최근의 일본어 교재는 실생활에서의 원활한 커뮤니케이션 능력 향상을 위한 문형 · 장면 중심의 구성이 트렌드를 이루고 있습니다. 이러한 유형의 교재는 학습자로 하여금 정해진 패턴의 문형과 장면을 집중적으로 학습하게 함으로써, 단기간 내에 일정 수준의 일본어 능력을 함양시킬 수 있다는 점에서 긍정적인 평가를 받고 있습니다. 하지만 한편으로는 단순 암기 위주의 학습법을 강요한다는 비판적인 시각 또한 존재하는 것이 사실입니다. 외국어 학습의 특성상 일정 부분 암기에 의존할 수밖에 없는 현실적인 제약을 인정한다고 하더라도 해당 외국어의 체계적, 단계적, 효율적인 학습을 저해하는 요소임에는 틀림이 없기 때문입니다.

이에 저희는 문형 · 장면을 단순히 제시 · 나열한 기존의 일본어 교재와는 달리 필수 학습 문법 사항을 학습자의 언어능력에 맞게 단계적으로 제시하여 문형 · 장면에 관련된 학습 내용을 유기적으로 습득할 수 있도록 「다락원 뉴코스 일본어」를 구성하였습니다. 더불어 최대한 학습자의 눈높이에 맞춰 반드시 숙지해야 할 내용과 그렇지 않은 내용을 선별 제시함으로써 학습 부담을 최소화하고자 노력하였습니다.

「다락원 뉴코스 일본어」가 세상의 빛을 본 지 근 10년 만에 이루어진 대대적인 개정판 작업에서는 특히 이러한 학습 편의성에 중점을 두어 학습자들이 효율적으로 일본어 학습에 몰입할 수 있도록 배려하였습니다.

아무쪼록 본 「다락원 뉴코스 일본어」가 국내 일본어 학습자들을 위한 친절한 길라잡이로 자리매김할 수 있기를 진심으로 바라마지 않으며, 초판부터 개정판 간행에 이르기까지 물심양면으로 성원해주신 ㈜다락원 정규도 대표이사님과 저희의 졸고를 옥고로 다듬어주신 일본어 출판부 여러분들께 감사의 말씀을 드립니다.

저자 일동

교재의 구성과 특징

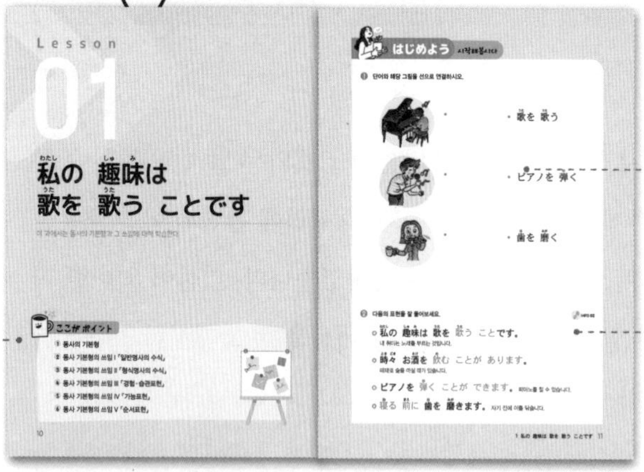
Lesson
01
私の 趣味は
歌を 歌う ことです
はじめよう
歌を 歌う
ピアノを 弾く
歯を 磨く
ここが ポイント
私の 趣味は 歌を 歌う ことです。
時々 お酒を 飲む ことが あります。
ピアノを 弾く ことが できます。
寝る 前に 歯を 磨きます。

はじめよう

각 과에서 미리 알아 두면 좋은 단어를 그림으로 연결하여 쉽고 재미있게 접근하도록 하였다.

각 과에서 배울 내용의 주요 구문을 미리 제시하고, 특히 주의해서 볼 부분은 별색으로 표시하였다.

ここが ポイント

각 과에서 다룰 주요 문법 사항을 제시하고 있다.

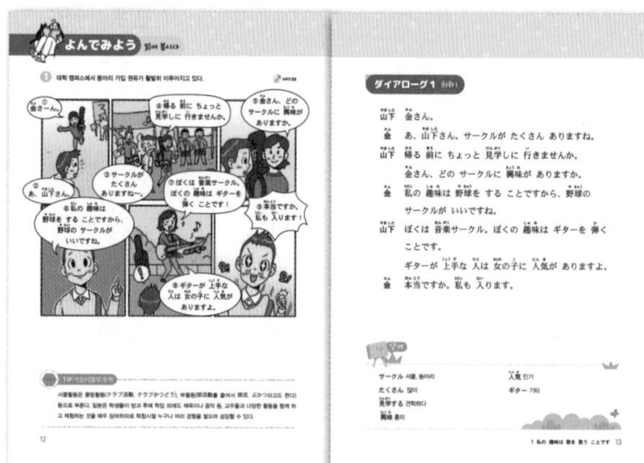
よんでみよう
ダイアローグ1
山下　金さん。
金　あ、山下さん。サークルが たくさん ありますね。
山下　帰る 前に ちょっと 見学しに 行きませんか。
金さん、どの サークルに 興味が ありますか。
金　私の 趣味は 野球を する ことですから、野球の サークルが いいですね。
山下　ぼくは 音楽サークル。ぼくの 趣味は ギターを 弾く ことです。
ギターが 上手な 人は 女の子に 人気が ありますよ。
金　本当ですか。私も 入ります。

よんでみよう

각 과의 문법 항목이 실제 회화 장면에서 어떻게 사용되고 있는가를 만화 형식을 빌려 알기 쉽게 제시하였고, 이를 통해 일본어의 회화 패턴과 일본 문화의 단면을 엿볼 수 있도록 하였다.

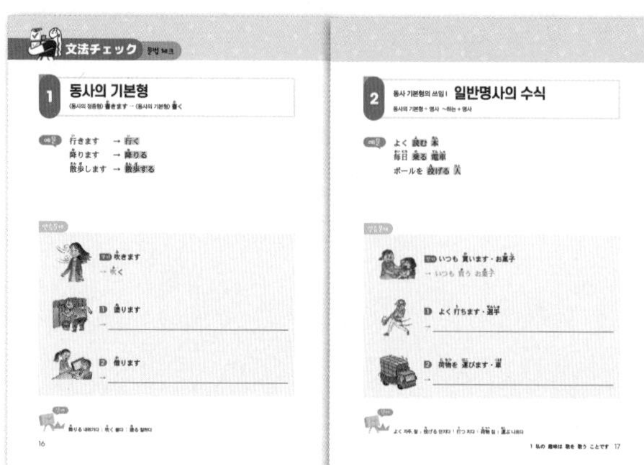
文法チェック
1 동사의 기본형
2 일반명사의 수식

文法チェック

각 과에서 문법의 포인트가 되는 항목을 간략히 설명하고, 예문을 제시하였다. 그 후에 바로 그림을 활용한 문제를 통해 문형을 숙달할 수 있도록 하였다.

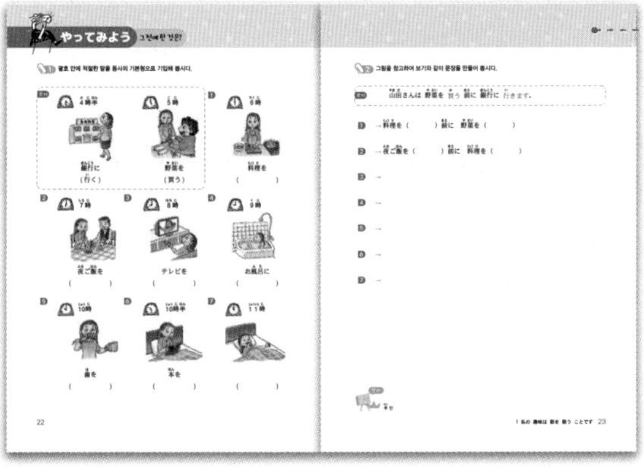

やってみよう

지금까지 배운 내용에 대한 복습을 겸하여 게임 형식을 빌려 즐겁게 일본어를 사용한 다양한 활동을 할 수 있도록 하였다.

はなしてみよう

각 과에서 배운 문법과 문형, 어휘 등을 활용하여 실제 회화 패턴을 연습할 수 있도록 하였다.

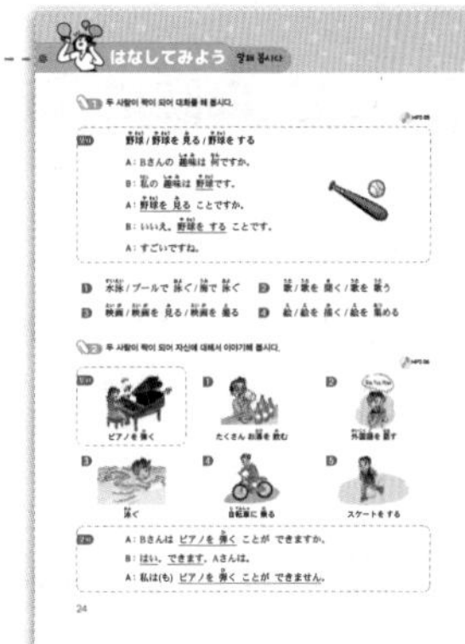

単語チェック

각 과에서 알아야 할 단어들을 테마별로 뽑아 정리하였다. 외운 단어를 체크할 수 있는 체크 박스를 마련해 두었다.

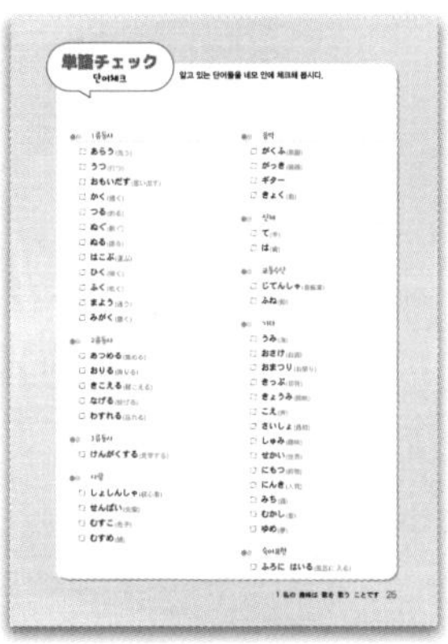

모범답안

각 과의 **はじめよう**, 연습문제, **やってみよう**, **はなしてみよう**의 모범답안을 상세하게 실었다.

별책 부록

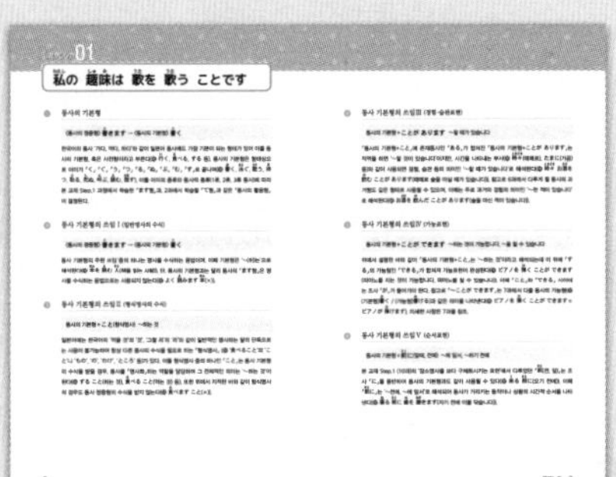

문법노트

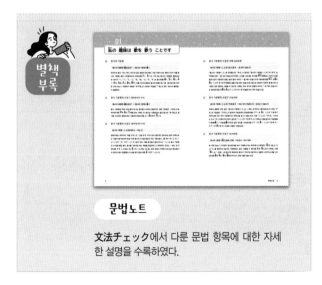

文法チェック에서 다룬 문법 항목에 대한 자세한 설명을 수록하였다.

주요 학습 내용

과/ 제목	주요 구문1	주요 구문2
Lesson 01 私(わたし)の 趣味(しゅみ)は 歌(うた)を 歌(うた)う ことです	동사의 기본형	동사 기본형의 쓰임 I 「일반명사의 수식」
Lesson 02 けがを して 病院(びょういん)に 行(い)きました	1류 동사의 て형	2류 동사의 て형
Lesson 03 車(くるま)を 止(と)めても いいですか	동사 て형의 응용 I 「허가요청」	동사 て형의 응용 II 「금지」
Lesson 04 ごみを 捨(す)てないで ください	동사의 부정형 (ない형)	동사 부정형의 쓰임 I 「부정의 의뢰·지시」
Lesson 05 鳥(とり)が 飛(と)んで います	동사 て いる형의 쓰임 I 「현재진행」	동사 て いる형의 쓰임 II 「반복되는 습관·경향」
Lesson 06 動物(どうぶつ)を 飼(か)った ことが あります	동사의 과거형 (た형)	동사 た형의 응용 I 「과거의 경험」
Lesson 07 紅茶(こうちゃ)が 好(す)きに なりました	1류 동사의 가능형	2류 동사의 가능형
Lesson 08 友達(ともだち)に ハンカチを あげました	수수표현 I 「あげる」	수수표현 II 「もらう」
Lesson 09 電車(でんしゃ)を 降(お)りた とき、忘(わす)れ物(もの)に 気(き)が つきました	복문표현 I 「부대상황」	복문표현 II 「목적·의도」
Lesson 10 おもしろい 映画(えいが)だと 思(おも)います	보통체	보통체의 쓰임 I 「전언」

주요 구문3	주요 구문4	주요 구문5	주요 구문6	주요 구문7
동사 기본형의 쓰임 II 「형식명사의 수식」	동사 기본형의 쓰임 III 「경험·습관표현」	동사 기본형의 쓰임 IV 「가능표현」	동사 기본형의 쓰임 V 「순서표현」	
3류 동사의 て형	동사 て형의 쓰임 I 「시간적 순서」	동사 て형의 쓰임 II 「동반 동작」	동사 て형의 쓰임 III 「인과관계」	동사 て형의 쓰임 IV 「의뢰·지시」
동사 て형의 응용 III 「보조동사 みる와의 결합」	동사 て형의 응용 IV 「보조동사 しまう와의 결합」	동사 て형의 응용 V 「시간적 순서의 강조」	동사 て형의 응용 VI 「이동동사 来る·行く와의 결합」	
동사 부정형의 쓰임 II 「부정의 허가」	동사 부정형의 쓰임 III 「의무」	동사 부정형의 쓰임 IV 「부대상황」		
동사 ている형의 쓰임 III 「결과·상태의 지속」	동사 ている형의 응용 I 「부정형」	동사 ている형의 응용 II 「형용사적 용법」	동사 ている형의 응용 III 「명사수식절」	
동사 た형의 응용 II 「충고표현」	동사 た형의 응용 III 「부대상황」	동사 た형의 응용 IV 「시간적 순서」	동사 た형의 응용 V 「선택표현」	
3류 동사의 가능형	상태변화표현 I 「동사 가능형의 상태변화」	상태변화표현 II 「い형용사의 상태변화」	상태변화표현 III 「な형용사의 상태변화」	
수수표현 III 「くれる」	수수표현의 응용 I 「～て あげる」	수수표현의 응용 II 「～て もらう」	수수표현의 응용 III 「～て くれる」	
복문표현 III 「객관적인 이유·원인」	복문표현 IV 「역접」	정도표현 I 「보조동사 すぎる」	정도표현 II 「보조형용사 やすい와 にくい」	
보통체의 쓰임 II 「화자의 의견·생각」	환언표현	선택표현	종속의문문(문장 안에 포함된 의문문)	

차례

주요등장인물

金(キム)ジフ (22세)
일본 가정에 홈스테이를 하면서 대학에 다니고 있다. 일본에서 취직하는 것이 꿈.

山下祐司(やましたゆうじ) (19세)
김지후, 린 메이와 같은 대학에 다니는 친구. 대학에서 경영학을 배우고 있다.

リン・メイ (21세)
중국에서 온 유학생. 졸업 후에 대학원에 진학할지 취직할지 고민 중.

田中春子(たなかはるこ)(母)
전업주부. 드라마를 아주 좋아하며, 요리는 그다지 잘 하지 못한다. 40세.

田中康夫(たなかやすお)(父)
회사원. 맥주를 좋아하지만, 최근 배가 나온 것을 신경 쓰고 있다. 43세.

田中(たなか)ひろと
활달하고 밝은 초등학교 5학년. 야구를 아주 좋아한다. 12세.

Lesson

01

私の 趣味は 歌を 歌う ことです

이 과에서는 동사의 기본형과 그 쓰임에 대해 학습한다.

ここがポイント

1 동사의 기본형
2 동사 기본형의 쓰임 I「일반명사의 수식」
3 동사 기본형의 쓰임 II「형식명사의 수식」
4 동사 기본형의 쓰임 III「경험·습관표현」
5 동사 기본형의 쓰임 IV「가능표현」
6 동사 기본형의 쓰임 V「순서표현」

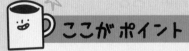

はじめよう 시작해봅시다

❶ 단어와 해당 그림을 선으로 연결하시오.

• • 歌(うた)を 歌(うた)う

• • ピアノを 弾(ひ)く

• • 歯(は)を 磨(みが)く

❷ 다음의 표현을 잘 들어보세요. MP3 02

- 私(わたし)の 趣味(しゅみ)は 歌(うた)を 歌(うた)う ことです。
  내 취미는 노래를 부르는 것입니다.
- 時々(ときどき) お酒(さけ)を 飲(の)む ことが あります。
  때때로 술을 마실 때가 있습니다.
- ピアノを 弾(ひ)く ことが できます。 피아노를 칠 수 있습니다.
- 寝(ね)る 前(まえ)に 歯(は)を 磨(みが)きます。 자기 전에 이를 닦습니다.

よんでみよう 읽어 봅시다

1 대학 캠퍼스에서 동아리 가입 권유가 활발히 이루어지고 있다. MP3 03

TIP 동아리 활동(部活)

일본의 중고등학교에서는 방과후에 「部活」라고 하는 동아리 활동을 하는 학생이 많다. 「部活」는 운동부와 문화부로 나뉘고, 운동부는 대회에서 좋은 성적을 거둘 수 있도록 매일 연습을 한다. 문화부는 그동안의 활동내용을 축제 등에서 전시하거나 발표한다. 「部活」를 하지 않는 학생도 있는데 그 경우에는 「帰宅部」라고 부른다.

ダイアローグ 1 회화 1

山下(やました) 金(キム)さーん。

金(キム) あ、山下(やました)さん。サークルが たくさん ありますね～。

山下(やました) 帰(かえ)る 前(まえ)に ちょっと 見学(けんがく)しに 行(い)きませんか。

金(キム)さん、どの サークルに 興味(きょうみ)が ありますか。

金(キム) 私(わたし)の 趣味(しゅみ)は 野球(やきゅう)を する ことですから、野球(やきゅう)の サークルが いいですね。

山下(やました) ぼくは 音楽(おんがく)サークル。ぼくの 趣味(しゅみ)は ギターを 弾(ひ)く ことです！

ギターが 上手(じょうず)な 人(ひと)は 女(おんな)の子(こ)に 人気(にんき)が ありますよ。

金(キム) 本当(ほんとう)ですか。私(わたし)も 入(はい)ります！

단어

サークル 서클, 동아리

たくさん 많이

見学(けんがく)する 견학하다

興味(きょうみ) 흥미

人気(にんき) 인기

ギター 기타

2 음악 동아리방, 김지후는 약간 긴장한 기색이다.

MP3 04

MUSIC
Rock
Concert
딩가
딩가
① 金さんは ギターを 弾く ことが できますか。
② いいえ、私は 楽器は 全然 できません…。
③ でも、一生懸命 練習します！
불끈!
④ じゃあ、ちょっと 練習しましょうか。これ、ぼくが よく 弾く 曲です。
⑤ すみません…私、楽譜を 読む ことが できません…。
⑥ あ、そうですか。
⑦ 大丈夫ですよ。最初は みんな 初心者ですから。
?
턱!

TIP 음악교실에서 어떤 악기부터 시작할까?

일본의 어느 악기 회사가 '음악교실을 처음으로 다닌다면 어떤 악기를 할 것인가?'라는 설문조사의 결과를 발표했다. 그 결과, 1위는 피아노, 2위는 기타, 3위는 드럼이었다. 피아노는 네 살 정도부터 시작할 수 있지만, 기타는 초등학교 3~4학년부터가 적당하다고 한다. 초등학교 4학년 이상이 되면 키나 손 크기에 따라 다르지만, 대부분의 악기 연주가 가능하다고.

ダイアローグ2 회화2

先輩(せんぱい) 金(キム)さんは ギターを 弾(ひ)く ことが できますか。

金(キム) いいえ、私(わたし)は 楽器(がっき)は 全然(ぜんぜん) できません…。

でも、一生懸命(いっしょうけんめい) 練習(れんしゅう)します！

先輩(せんぱい) じゃあ、ちょっと 練習(れんしゅう)しましょうか。

これ、ぼくが よく 弾(ひ)く 曲(きょく)です。

金(キム) すみません…私(わたし)、楽譜(がくふ)を 読(よ)む ことが できません…。

先輩(せんぱい) あ、そうですか。大丈夫(だいじょうぶ)ですよ。

最初(さいしょ)は みんな 初心者(しょしんしゃ)ですから。

단어

先輩(せんぱい) 선배

楽器(がっき) 악기

全然(ぜんぜん) 전혀

一生懸命(いっしょうけんめい) 열심히

曲(きょく) 곡

最初(さいしょ) 처음, 최초

初心者(しょしんしゃ) 초보자

文法チェック 문법 체크

1 동사의 기본형

〈동사의 정중형〉書(か)きます → 〈동사의 기본형〉書(か)く

예문

行(い)きます → 行(い)く

降(お)ります → 降(お)りる

散歩(さんぽ)します → 散歩(さんぽ)する

연습문제

보기 吹(ふ)きます

→ 吹(ふ)く

1 塗(ぬ)ります

→ ______________________

2 借(か)ります

→ ______________________

단어

降(お)りる 내려가다 | 吹(ふ)く 불다 | 塗(ぬ)る 칠하다

2 동사 기본형의 쓰임 I 일반명사의 수식

동사의 기본형 + 명사 ~하는 + 명사

예문

よく 読(よ)む 本(ほん)

毎日(まいにち) 乗(の)る 電車(でんしゃ)

ボールを 投(な)げる 人(ひと)

연습문제

보기 いつも 買(か)います・お菓子(かし)

→ いつも 買(か)う お菓子(かし)

1 よく 打(う)ちます・選手(せんしゅ)

→ ____________________

2 荷物(にもつ)を 運(はこ)びます・車(くるま)

→ ____________________

단어

よく 자주, 잘 | 投(な)げる 던지다 | 打(う)つ 치다 | 荷物(にもつ) 짐 | 運(はこ)ぶ 나르다

3 동사 기본형의 쓰임Ⅱ **형식명사의 수식**

동사의 기본형 + こと(형식명사) ~하는 것

예문

私(わたし)の 趣味(しゅみ)は 歌(うた)を **歌(うた)う** **こと**です。

息子(むすこ)の 夢(ゆめ)は 世界旅行(せかいりょこう)を **する** **こと**です。

田中(たなか)さんの 仕事(しごと)は 映画(えいが)を **作(つく)る** **こと**です。

연습문제

보기 母(はは)の 趣味(しゅみ)・買(か)い物(もの)を します

→ 母(はは)の 趣味(しゅみ)は 買(か)い物(もの)を する ことです。

1 娘(むすめ)の 夢(ゆめ)・すてきな 彼(かれ)を 作(つく)ります

→ ______________________________

2 金(キム)さんの 趣味(しゅみ)・お祭(まつ)りを 見(み)ます

→ ______________________________

단어

趣味(しゅみ) 취미 | 息子(むすこ) 아들 | 夢(ゆめ) 꿈 | 世界(せかい) 세계 | 娘(むすめ) 딸 | お祭(まつ)り 마쓰리, 축제

4 동사 기본형의 쓰임 Ⅲ 경험·습관표현

동사의 기본형 + ことが あります ~할 때가 있습니다

예문

時々 お酒を 飲む ことが あります。

たまに 昔の 彼を 思い出す ことが あります。

時々 子供の 声が 聞こえる ことが あります。

연습문제

보기 道に 迷います

→ 時々 道に 迷う ことが あります。

1 財布を 忘れます

→ ______________________

2 一人で 旅行を します

→ ______________________

단어

時々 가끔 | お酒 술 | たまに 이따금, 간혹 | 昔 옛날 | 思い出す 떠올리다 | 声 목소리
聞こえる 들리다 | 道 길 | 迷う 헤매다 | 忘れる 잊다

5 동사 기본형의 쓰임Ⅳ **가능표현**

동사의 기본형 + **ことが できます** ~하는 것이 가능합니다, ~을/를 할 수 있습니다

예문

ピアノを 弾(ひ)く ことが できます。

海(うみ)で 泳(およ)ぐ ことが できます。

自転車(じてんしゃ)に 乗(の)る ことが できます。

연습문제

보기 絵(え)・描(か)きます

→ 絵(え)を 描(か)く ことが できます。

1 楽譜(がくふ)・読(よ)みます

→ ______________________________

2 ギター・弾(ひ)きます

→ ______________________________

단어

弾(ひ)く (악기를) 치다 | 海(うみ) 바다 | 自転車(じてんしゃ) 자전거 | 描(か)く 그리다 | 楽譜(がくふ) 악보

6 동사 기본형의 쓰임V **순서표현**

동사의 기본형 + 前に(앞에, 전에) ~에 앞서, ~하기 전에

예문 寝る 前に 歯を 磨きます。
風呂に 入る 前に 服を 脱ぎます。
友達が 来る 前に 部屋の 掃除を します。

연습문제

보기 本を 借ります・名前を 書く

→ 本を 借りる 前に 名前を 書きます。

1 食事を します・手を 洗う

→ ____________________

2 電車に 乗ります・切符を 買う

→ ____________________

단어

歯 이, 치아 | 磨く 닦다 | 風呂に 入る 목욕을 하다 | 脱ぐ 벗다 | 手 손 | 洗う 씻다 | 切符 (전철)표

やってみよう 그 전에 한 것은?

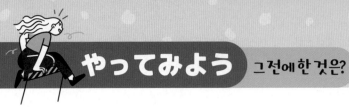

1 괄호 안에 적절한 말을 동사의 기본형으로 기입해 봅시다.

보기

4時半(よじはん)

銀行(ぎんこう)に

(行(い)く)

5時(ごじ)

野菜(やさい)を

(買う)

1 6時(ろくじ)

料理(りょうり)を

(　　　　　)

2 7時(しちじ)

夜(よる)ご飯(はん)を

(　　　　　)

3 8時(はちじ)

テレビを

(　　　　　)

4 9時(くじ)

お風呂(ふろ)に

(　　　　　)

5 10時(じゅうじ)

歯(は)を

(　　　　　)

6 10時半(じゅうじはん)

本(ほん)を

(　　　　　)

7 11時(じゅういちじ)

(　　　　　)

2 그림을 참고하여 보기와 같이 문장을 만들어 봅시다.

보기 山田(やまだ)さんは 野菜(やさい)を 買(か)う 前(まえ)に 銀行(ぎんこう)に 行(い)きます。

1 → 料理(りょうり)を（　　　　　）前(まえ)に　野菜(やさい)を（　　　　　）

2 → 夜(よる)ご飯(はん)を（　　　　　）前(まえ)に　料理(りょうり)を（　　　　　）

3 →

4 →

5 →

6 →

7 →

半(はん) 반

はなしてみよう 말해 봅시다

1 두 사람이 짝이 되어 대화를 해 봅시다.

MP3 05

보기

野球 / 野球を 見る / 野球を する

A：Bさんの 趣味は 何ですか。

B：私の 趣味は 野球です。

A：野球を 見る ことですか。

B：いいえ。野球を する ことです。

A：すごいですね。

1 水泳 / プールで 泳ぐ / 海で 泳ぐ

2 歌 / 歌を 聞く / 歌を 歌う

3 映画 / 映画を 見る / 映画を 撮る

4 絵 / 絵を 描く / 絵を 集める

2 두 사람이 짝이 되어 자신에 대해서 이야기해 봅시다.

MP3 06

보기

ピアノを 弾く

1

たくさん お酒を 飲む

2

英語を 話す

3

泳ぐ

4

自転車に 乗る

5

スケートを する

보기

A：Bさんは ピアノを 弾く ことが できますか。

B：はい、できます(いいえ、できません)。Aさんは？

A：私は(も) ピアノを 弾く ことが できます(できません)。

単語チェック
단어체크

알고 있는 단어들을 네모 안에 체크해 봅시다.

1류동사

- □ あらう(洗う)
- □ うつ(打つ)
- □ おもいだす(思い出す)
- □ かく(描く)
- □ つる(釣る)
- □ ぬぐ(脱ぐ)
- □ ぬる(塗る)
- □ はこぶ(運ぶ)
- □ ひく(弾く)
- □ ふく(吹く)
- □ まよう(迷う)
- □ みがく(磨く)

2류동사

- □ あつめる(集める)
- □ おりる(降りる)
- □ きこえる(聞こえる)
- □ なげる(投げる)
- □ わすれる(忘れる)

3류동사

- □ けんがくする(見学する)

사람

- □ しょしんしゃ(初心者)
- □ せんぱい(先輩)
- □ むすこ(息子)
- □ むすめ(娘)

음악

- □ がくふ(楽譜)
- □ がっき(楽器)
- □ ギター
- □ きょく(曲)

신체

- □ て(手)
- □ は(歯)

교통수단

- □ じてんしゃ(自転車)
- □ ふね(船)

기타

- □ うみ(海)
- □ おさけ(お酒)
- □ おまつり(お祭り)
- □ きっぷ(切符)
- □ きょうみ(興味)
- □ こえ(声)
- □ さいしょ(最初)
- □ しゅみ(趣味)
- □ せかい(世界)
- □ にもつ(荷物)
- □ にんき(人気)
- □ みち(道)
- □ むかし(昔)
- □ ゆめ(夢)

숙어표현

- □ ふろに はいる(風呂に 入る)

Lesson

02

けがを して 病院(びょういん)に 行(い)きました

이 과에서는 동사의 て형과 그 쓰임에 대해 학습한다.

ここが ポイント

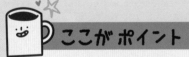

1. 1류 동사의 て형
2. 2류 동사의 て형
3. 3류 동사의 て형
4. 동사 て형의 쓰임 I 「시간적 순서」
5. 동사 て형의 쓰임 II 「동반 동작」
6. 동사 て형의 쓰임 III 「인과관계」
7. 동사 て형의 쓰임 IV 「의뢰・지시」

はじめよう 시작해봅시다

❶ 단어와 해당 그림을 선으로 연결하시오.

- 掃除(そうじ)を する
- 帽子(ぼうし)を かぶる
- けがを する

❷ 다음의 표현을 잘 들어보세요. MP3 07

- 掃除(そうじ)を して、洗濯(せんたく)を します。 청소를 하고 세탁을 합니다.
- 帽子(ぼうし)を かぶって 出(で)かけます。 모자를 쓰고 외출합니다.
- けがを して 病院(びょういん)に 行(い)きました。 다쳐서 병원에 갔습니다.
- この 雑誌(ざっし)を 貸(か)して ください。 이 잡지를 빌려 주세요.

よんでみよう 읽어 봅시다

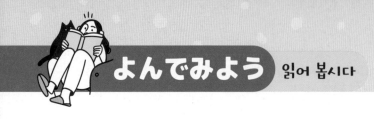

1 대학 강의실에서 수업을 듣고 있다. MP3 08

TIP 나도 자기(自分), 상대방도 자기(自分)

일본어에서 상대방이나 자신을 부를 때의 표현은 많이 있지만, 그 중에서도 꽤 흥미로운 표현으로 「自分」을 들 수 있다. 예를 들면 「自分が 行きます」라고 하면 '제가 가겠습니다'의 의미인데, 「自分' ご飯 食べた？」라고 하면, '자기, 밥 먹었어?'라는 의미가 된다. 이 말투는 특히 관서지방에서 주로 쓰는데, 윗사람에게는 사용할 수 없다는 점에 주의한다.

ダイアローグ1 회화1

先生(せんせい) はい、では 教科書(きょうかしょ)の 21ページを 開(あ)けて ください。
金(キム)さん、読(よ)んで ください。

リン 21ページ、21ページ。

先生(せんせい) では、レポートは 水曜日(すいようび)までに 書(か)いて、提出(ていしゅつ)して ください。

金(キム) リンさ～ん、手伝(てつだ)って ください…。

リン 自分(じぶん)で 書(か)いて ください！

단어

ページ 페이지

開(あ)ける 펴다

レポート 리포트

提出(ていしゅつ)する 제출하다

自分(じぶん)で 스스로

2 지각생이 많은지 강의실에 사람이 별로 없다.

MP3 09

TIP 못 살아 정말

어이없는 경우를 당했을 때, 한국어로는 '못 살아 정말' '못 말려 진짜' '으이구' 등의 표현을 사용하는데, 이에 해당하는 일본어 표현은 「まったく, もう」이다. 이 표현은 상황에 따라 여러 가지 의미로 해석될 수 있기 때문에 학습자는 대화의 분위기나 대화 상대를 고려하여 사용하는 것이 바람직하다.

ダイアローグ2 회화2

リン あれ、みんな いませんね。遅いですね…。

学生A 今日は ちょっと 風邪を ひいて…。

学生B 電車が 止まって…。

学生C ちょっと 急用が あって…。

金 すみません、今 起きました。

リン まったく もう。

단어

風邪を ひく 감기에 걸리다

止まる 멈추다

急用 급한 일

まったく もう 정말로, 참으로

1 1류 동사의 て형

	어미의 종류	규칙	동사	て형
1류 동사	く、ぐ	く → いて	書(か)く	書(か)いて
		ぐ → いで	泳(およ)ぐ	泳(およ)いで
		* 예외 行(い)く → 行(い)って		
	う、つ、る	う つ → って る	歌(うた)う	歌(うた)って
			待(ま)つ	待(ま)って
			取(と)る	取(と)って
	ぬ、ぶ、む	ぬ ぶ → んで む	死(し)ぬ	死(し)んで
			呼(よ)ぶ	呼(よ)んで
			読(よ)む	読(よ)んで
	す	す → して	話(はな)す	話(はな)して

예문

聞(き)く → 聞(き)いて

太(ふと)る → 太(ふと)って

休(やす)む → 休(やす)んで

단어

太(ふと)る 살찌다 | 休(やす)む 쉬다

연습문제

보기 話(はな)す

→ 話(はな)して

1 吹(ふ)く

→ ____________

2 急(いそ)ぐ

→ ____________

3 払(はら)う

→ ____________

4 待(ま)つ

→ ____________

5 釣(つ)る

→ ____________

6 死(し)ぬ

→ ____________

7 運(はこ)ぶ

→ ____________

8 飲(の)む

→ ____________

9 直(なお)す

→ ____________

10 行(い)く

→ ____________

단어

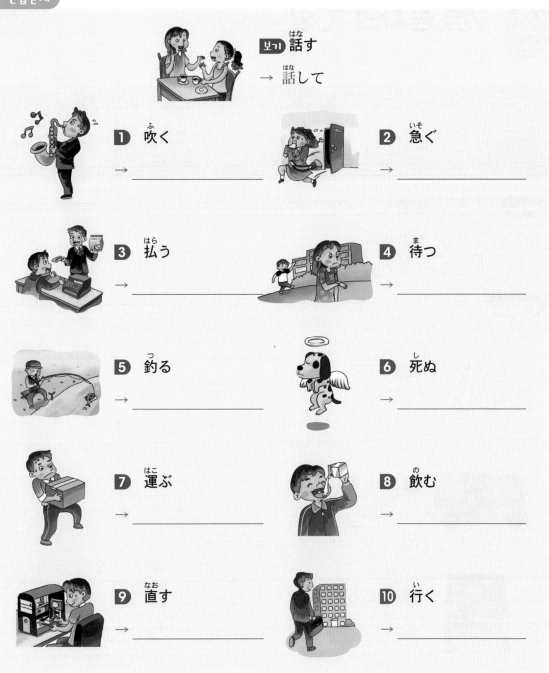

急(いそ)ぐ 서두르다 | 払(はら)う 지불하다 | 待(ま)つ 기다리다 | 死(し)ぬ 죽다 | 直(なお)す 고치다

2 2류 동사의 て형

	어미의 종류	규칙	동사	て형
2류 동사	る	る → て	見る	見て
			食べる	食べて

예문 着る → 着て
生きる → 生きて
集める → 集めて

연습문제

보기 建てる
→ 建てて

1 降りる
→ ____________________

2 閉める
→ ____________________

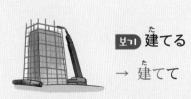

단어
生きる 살다 | 建てる 짓다 | 閉める 닫다

3 3류 동사의 て형

	어미의 종류	규칙	동사	て형
3류 동사	×	불규칙활용	する	して
			来(く)る	来(き)て

예문

する → して
来(く)る → 来(き)て
利用(りよう)する → 利用(りよう)して

연습문제

보기 研究(けんきゅう)する
→ 研究(けんきゅう)して

1 準備(じゅんび)する
→ ______________________

2 出席(しゅっせき)する
→ ______________________

단어

利用(りよう)する 이용하다 | 研究(けんきゅう)する 연구하다 | 準備(じゅんび)する 준비하다 | 出席(しゅっせき)する 출석하다

4 동사 て형의 쓰임 I 시간적 순서

동사의 て형(시간적 순서) ~하고

예문

毎日(まいにち) 掃除(そうじ)を して、洗濯(せんたく)を します。

顔(かお)を 洗(あら)って、歯(は)を 磨(みが)きます。

沖縄(おきなわ)に 行(い)って、海(うみ)を 見(み)ます。

연습문제

보기 授業(じゅぎょう)は 9時(くじ)に 始(はじ)まる・2時(にじ)に 終(お)わる

→ 授業(じゅぎょう)は 9時(くじ)に 始(はじ)まって、2時(にじ)に 終(お)わります。

1 本(ほん)を 読(よ)む・レポートを 書(か)く

→ ______________________________

2 朴(パク)さんに 会(あ)う・買(か)い物(もの)を する

→ ______________________________

단어

掃除(そうじ) 청소 | 洗濯(せんたく) 세탁, 빨래 | 顔(かお) 얼굴 | 沖縄(おきなわ) 오키나와(지명) | 終(お)わる 끝나다

5 동사 て형의 쓰임II **동반 동작**

동사의 て형(동반 동작) ~하고, ~한 채로

예문

帽子を かぶって 出かけます。

バスに 乗って 家に 帰ります。

おみやげを 持って 会いに 行きます。

연습문제

보기 自転車に 乗る・遊ぶ

→ 自転車に 乗って 遊びます。

1 パジャマを 着る・寝る

→ ______________________

2 地下鉄に 乗る・空港に 行く

→ ______________________

단어

帽子 모자 | かぶる 쓰다, 덮어 쓰다 | 出かける 외출하다 | パジャマ 잠옷 | 地下鉄 지하철 | 空港 공항

6 동사 て형의 쓰임Ⅲ 인과관계

동사의 て형(이유, 원인) ~해서 ~

예문 けがを **して** 病院(びょういん)に 行(い)きました。

風(かぜ)が **吹(ふ)いて** 寒(さむ)いです。

サンドイッチを **食(た)べて** おなかが いっぱいです。

연습문제

보기 がんばる・100点(ひゃくてん)を 取(と)る

→ がんばって 100点(ひゃくてん)を 取(と)りました。

1 かさを 忘(わす)れる・困(こま)る

→ ____________________

2 遅(おそ)く 起(お)きる・時間(じかん)に 遅(おく)れる

→ ____________________

단어

けがを する 다치다 | おなか 배 | 100点(ひゃくてん)を 取(と)る 100점을 맞다 | 困(こま)る 난처하다 | 時間(じかん) 시간

7 동사 て형의 쓰임Ⅳ **의뢰·지시**

동사의 て형 + ください ~해 주세요

예문

この 雑誌(ざっし)を **貸(か)して** **ください**。

質問(しつもん)に **答(こた)えて** **ください**。

大丈夫(だいじょうぶ)ですから **安心(あんしん)して** **ください**。

연습문제

보기 その かばんを 取(と)る

→ その かばんを 取(と)って ください。

1 風邪(かぜ)に 気(き)を つける

→ ______________________________

2 来年(らいねん)も また 来(く)る

→ ______________________________

단어

雑誌(ざっし) 잡지 | 貸(か)す 빌려주다 | 質問(しつもん) 질문 | 答(こた)える 대답하다 | 取(と)る 집다 | 風邪(かぜ) 감기 | 気(き)を つける 조심하다 | 来年(らいねん) 내년 | 安心(あんしん)する 안심하다

やってみよう 원인과 결과 맞추기 / 나의 일과 말하기

1 원인과 결과를 잘 맞춰 선으로 연결하고, 보기와 같이 써 봅시다.

원인		결과	
보기 	夜遅くまで働きます	A 	疲れます
1 	寝坊をします	B 	太ります
2 	お金がありません	C 	100点を取ります
3 	ご飯をたくさん食べます	D 	授業に遅れます
4 	一生懸命勉強します	E 	パソコンを買う ことができません

보기 (A) 夜遅くまで働いて、疲れました。

단어

夜遅く 밤늦게 | 寝坊をする 늦잠을 자다 | お金 돈 | 疲れる 지치다, 피곤하다

1 (　　　　) ____________________

2 (　　　　) ____________________

3 (　　　　) ____________________

4 (　　　　) ____________________

2 자신에 대해 이야기해 봅시다.

1 아침에 일어나서 학교(회사)에 갈 때까지 무엇을 합니까?

私(わたし)は 朝(あさ)起(お)きて____________________

____

2 학교(회사)에서 무엇을 합니까?

学校(がっこう)(会社(かいしゃ))に 着(つ)いて____________________

____

3 집에 돌아가서 잠을 잘 때까지 무엇을 합니까?

家(いえ)に 帰(かえ)って____________________

____

단어

着(つ)く 닿다, 도착하다

はなしてみよう 말해 봅시다

괄호 안에 들어갈 말을 보기에서 골라 넣고, 두 사람이 짝이 되어 대화를 해 봅시다.

MP3 10

보기

A 3cmぐらい（切(き)って）ください。

B わかりました。

1

A あとで（　　　）ください。

B わかりました。

2

A すみませんが、この問題(もんだい)を（　　　）ください。

B ええ、いいですよ。

3

A すみませんが、ちょっと ボールペンを（　　　）ください。

B ええ、いいですよ。

4

A どうぞ（　　　）ください。

B ありがとうございます。

5

A どうぞ（　　　）ください。

B ありがとうございます。

예　食(た)べる　切(き)る　貸(か)す　座(すわ)る　待(ま)つ　教(おし)える　電話(でんわ)する

단어

ぐらい 정도, 쯤 | 切(き)る 자르다 | 座(すわ)る 앉다

単語チェック
단어체크

알고 있는 단어들을 네모 안에 체크해 봅시다.

1류동사

- □ いそぐ(急ぐ)
- □ おわる(終わる)
- □ かす(貸す)
- □ かぶる
- □ きる(切る)
- □ こまる(困る)
- □ しぬ(死ぬ)
- □ すわる(座る)
- □ とまる(止まる)
- □ とる(取る)
- □ なおす(直す)
- □ はらう(払う)
- □ ふとる(太る)
- □ まつ(待つ)
- □ やすむ(休む)

2류동사

- □ あける(開ける)
- □ いきる(生きる)
- □ こたえる(答える)
- □ しめる(閉める)
- □ たてる(建てる)
- □ つかれる(疲れる)
- □ でかける(出かける)

3류동사

- □ あんしんする(安心する)
- □ けんきゅうする(研究する)
- □ しゅっせきする(出席する)
- □ じゅんびする(準備する)
- □ ていしゅつする(提出する)
- □ りようする(利用する)

명사

- □ おかね(お金)
- □ かぜ(風邪)
- □ きゅうよう(急用)
- □ くうこう(空港)
- □ ざっし(雑誌)
- □ じかん(時間)
- □ しつもん(質問)
- □ ちかてつ(地下鉄)
- □ パジャマ
- □ ページ
- □ ぼうし(帽子)
- □ らいねん(来年)
- □ レポート

숙어표현

- □ かぜを　ひく(風邪を ひく)
- □ きを　つける(気を つける)
- □ けがを　する
- □ ねぼうを　する(寝坊を する)
- □ 100てんを　とる(100点を 取る)

Lesson

03

車(くるま)を 止(と)めても いいですか

이 과에서는 동사 て형을 응용한 다양한 표현에 대해 학습한다.

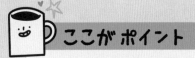

ここが ポイント

1. 동사 て형의 응용 I 「허가요청」
2. 동사 て형의 응용 II 「금지」
3. 동사 て형의 응용 III 「보조동사 みる와의 결합」
4. 동사 て형의 응용 IV 「보조동사 しまう와의 결합」
5. 동사 て형의 응용 V 「시간적 순서의 강조」
6. 동사 て형의 응용 VI 「이동동사 来(く)る・行(い)く와의 결합」

はじめよう 시작해봅시다

❶ 단어와 해당 그림을 선으로 연결하시오.

• 車(くるま)を 止(と)める

• 物(もの)を 盗(ぬす)む

• スカートを はく

❷ 다음의 표현을 잘 들어보세요. MP3 11

- 車(くるま)を 止(と)めても いいですか。 차를 세워도 됩니까?
- 人(ひと)の物(もの)を 盗(ぬす)んでは いけません。 다른 사람의 물건을 훔쳐서는 안 됩니다.
- 赤(あか)い スカートを はいてみます。 빨간 치마를 입어 보겠습니다.
- つい 食(た)べて しまいました。 그만 먹어 버렸습니다.

よんでみよう 읽어 봅시다

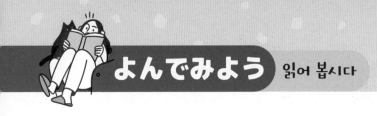

1 김지후는 아르바이트 하는 식당에서 점장과 이야기하고 있다. MP3 12

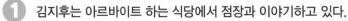

TIP 様=님?

'~님'은 일본어로는 「~様(さま)」에 해당하지만 두 단어의 쓰임이 완전히 같지는 않다. 예를 들어, 가게의 점장을 부를때, 한국어는 '점장님'과 같이 '님'을 뒤에 붙이지만 일본어는 「店長(てんちょう)」과 같이 「様(さま)」를 붙이지 않는다. 이는 「長」이라는 단어에 이미 경어의 의미가 포함되기 때문. 다른 예로는 '선생님'과 「先生(せんせい)」를 들 수 있으며, 이 역시 일본어에서 「先生(せんせい)」이라는 단어 자체가 경칭으로 사용될 수 있기 때문이다.

ダイアローグ1 회화1

店長(てんちょう)　金(キム)さん、お客(きゃく)さんが いませんから、休(やす)んでも いいですよ。

金(キム)　はい。この 仕事(しごと)が 終(お)わってから、昼(ひる)ご飯(はん)を 食(た)べます。

店長(てんちょう)　じゃあ、よろしく お願(ねが)いします。

金(キム)　店長(てんちょう)、終(お)わりました。私(わたし)、休憩(きゅうけい)しますね。

店長(てんちょう)　あ、金(キム)さん、これ、ちょっと 食(た)べて みますか。

金(キム)　おいしいです！

店長(てんちょう)　これ、作(つく)り方(かた)は 簡単(かんたん)ですよ。

金(キム)　私(わたし)も 作(つく)って みたいです。店長(てんちょう)、作(つく)り方(かた)を 教(おし)えて ください。

단어

お客(きゃく)さん 손님

店長(てんちょう) 점장

昼(ひる)ご飯(はん) 점심

休憩(きゅうけい)する 쉬다

作(つく)り方(かた) 만드는 법

簡単(かんたん)だ 간단하다

2 김지후는 아르바이트가 끝난 후 점장에게 요리를 배우고 있다. MP3 13

TIP 닭튀김(唐揚げ)

「唐揚げ」는 먹기 좋은 크기로 썰어 밑간을 한 순살 닭고기에 전분 옷을 입혀 바삭하게 튀긴 일본식 닭튀김이다. 「唐揚げ」는 어머니가 아이들을 위해 손수 만들어주는 대표적인 가정요리이자 맥줏집의 인기 단골메뉴. 별다른 소스 없이 레몬즙을 뿌려서 먹거나 방울 토마토 등을 곁들이기도 한다. 위 만화에서는 달걀을 썼지만 달걀을 넣지 않고 만드는 가라아게도 있다.

ダイアローグ2 회화2

店長(てんちょう)　あ、とり肉(にく)が もう ありませんね。

金(キム)さん、すみませんが、とり肉(にく)を 買(か)って 来(き)て ください。

金(キム)　店長(てんちょう)、買(か)って 来(き)ました！

店長(てんちょう)　では、さっそく 作(つく)りましょう。まず 卵(たまご)に 塩(しお)を 入(い)れます。

あ、金(キム)さん、そんなに たくさん 入(い)れては いけませんよ。

金(キム)さん、もっと 大(おお)きく 切(き)って ください!!

金(キム)　おいしくて、一人(ひとり)で、全部(ぜんぶ) 食(た)べて しまいました。

단어

とり肉(にく) 닭고기

さっそく 당장, 바로

まず 우선

塩(しお) 소금

1 동사 て형의 응용 I **허가요청**

동사의 て형 + も + いいですか ~해도 되겠습니까?, ~해도 괜찮습니까?

예문 たばこを 吸(す)っても いいですか。
ここに 車(くるま)を 止(と)めても いいですか。
また 遊(あそ)びに 来(き)ても いいですか。

연습문제

보기 この 鉛筆(えんぴつ)を 使(つか)う
→ この 鉛筆(えんぴつ)を 使(つか)っても いいですか。

1. この 席(せき)に 座(すわ)る
→ ____________________

2. エアコンを つける
→ ____________________

단어
止(と)める 멈추다, 주차하다 | 鉛筆(えんぴつ) 연필 | 席(せき) 자리 | エアコンを つける 에어컨을 켜다

2 동사 て형의 응용II **금지**

동사의 て형 + は + いけません ~해서는 안 됩니다

예문 たばこを 吸(す)っては いけません。

人(ひと)の 物(もの)を 盗(ぬす)んでは いけません。

テスト中(ちゅう)に 辞書(じしょ)を 見(み)ては いけません。

연습문제

보기 大(おお)きな 声(こえ)で 話(はな)す

→ 大(おお)きな 声(こえ)で 話(はな)しては いけません。

1 宿題(しゅくだい)を 忘(わす)れる

→ ______________________________

2 運転(うんてん)しながら 電話(でんわ)を する

→ ______________________________

단어

物(もの) 물건 | 盗(ぬす)む 훔치다 | ~中(ちゅう) ~중 | 大(おお)きな 큰, 커다란

3 동사 て형의 응용Ⅲ

보조동사 みる와의 결합

동사의 て형 + **みます** ~해 보겠습니다

예문

日本料理(にほんりょうり)を 作(つく)って みます。

あとで 先生(せんせい)に 聞(き)いて みます。

新(あたら)しい 着物(きもの)を 着(き)て みます。

연습문제

보기 おいしい 店(みせ)を 探(さが)す

→ おいしい 店(みせ)を 探(さが)して みます。

1 赤(あか)い スカートを はく

→ ______________________

2 この 仕事(しごと)は 一人(ひとり)で する

→ ______________________

단어

あとで 나중에 | 着物(きもの) 기모노(일본 전통옷) | 探(さが)す 찾다 | スカート 스커트, 치마 | はく (치마, 바지 등을) 입다

4 동사 て형의 응용Ⅳ 보조동사 しまう와의 결합

동사의 て형 + しまいます ~해 버립니다

예문

つい 食(た)べて しまいました。

うそを ついて しまいました。

一日(いちにち)で 全部(ぜんぶ) 読(よ)んで しまいました。

연습문제

보기 手袋(てぶくろ)を 落(お)とした

→ 手袋(てぶくろ)を 落(お)として しまいました。

1 大切(たいせつ)な 写真(しゃしん)を なくした

→ ______________________________

2 授業中(じゅぎょうちゅう)に うっかり 寝(ね)た

→ ______________________________

단어

つい 무심코, 그만 | うそを つく 거짓말을 하다 | 手袋(てぶくろ) 장갑 | 落(お)とす 떨어뜨리다 | なくす 잃어버리다 | うっかり 깜빡

5 동사 て형의 응용V 시간적 순서의 강조

동사의 て형 + から ~하고 나서

예문 手を 洗ってから 食べます。

よく 考えてから 決めます。

レポートを 書いてから 寝ます。

연습문제

보기 ガソリンを 入れる・車を 洗う

→ ガソリンを 入れてから 車を 洗います。

1 よく 調べる・買う

→ ______________________________

2 食事を する・薬を 飲む

→ ______________________________

단어

考える 생각하다 | 決める 정하다 | ガソリン 가솔린, 휘발유 | 入れる 넣다 | 調べる 조사하다

6 동사 て형의 응용Ⅵ 이동동사 来る・行く와의 결합

동사의 て형 + 来ます ~하고 옵니다 / 동사의 て형 + 行きます ~하고 갑니다

예문

週末、旅行に 行って 来ました。

ここで 少し 休んで 行きます。

来週までに 作文を 書いて 持って 来ます。

연습문제

보기 帰りに デパートに よる

→ 帰りに デパートに よって 来ます。

→ 帰りに デパートに よって 行きます。

1 八百屋で 野菜を 買う

→ ______________________

→ ______________________

2 会議の 前に 食事を する

→ ______________________

→ ______________________

단어

来週 다음 주 | 作文 작문 | 帰り 귀가, 돌아감 | よる 들르다 | 八百屋 채소 가게 | 少し 조금, 약간

やってみよう 허락받기/여기는 어디?

1 그림을 보고 빈칸에 알맞은 표현을 예에서 골라 써 봅시다.

1

田中(たなか)さん、この 鉛筆(えんぴつ)を
__________いいですか。

ええ、いいですよ。

예 なくす　使(つか)う

2

先生(せんせい)、辞書(じしょ)を
__________いいですか。

いいえ、辞書(じしょ)を
______________。

예 見(み)る　考(かんが)える

2 힌트를 읽고 아래에서 적당한 그림을 선택해 봅시다.

問題 1

ヒント1 靴(くつ)を はいて 入(はい)っても いいです。

ヒント2 飲(の)み物(もの)を 飲(の)んでも いいです。

ヒント3 携帯電話(けいたいでんわ)を 使(つか)っては いけません。

→ (　　　)

問題 2

ヒント1 立(た)って 歩(ある)いても いいです。

ヒント2 写真(しゃしん)を 撮(と)っては いけません。

ヒント3 大(おお)きな 声(こえ)で 話(はな)しては いけません。

→ (　　　)

1

2

3

4

단어

携帯電話(けいたいでんわ) 휴대전화 | 立(た)つ 서다 | 歩(ある)く 걷다

はなしてみよう 말해 봅시다

두 사람이 짝이 되어 이야기해 봅시다.

MP3 14

여러분은 도전자?!

レベル1

町(まち)で 芸能人(げいのうじん)を 見(み)ました。

話(はな)しかけて みます OR 話(はな)しかけません？

レベル2

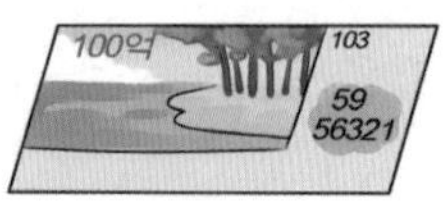

1枚(いちまい) 10,000(いちまん)ウォンの 宝(たから)くじ。1等(いっとう)は 100億(ひゃくおく)ウォンです。

買(か)って みます OR 買(か)いません？

レベル3

世界旅行(せかいりょこう)の チケットが あります。

ただですが、一人(ひとり)で 行(い)きます。

行(い)って みます OR 行(い)きません？

レベル4

あなたに 映画出演(えいがしゅつえん)の 話(はなし)が 来(き)ました。

出(で)て みます OR 出(で)ません？

レベル5

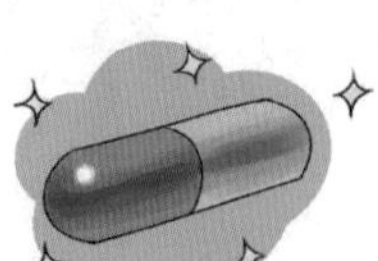

200歳(にひゃくさい)まで 生(い)きる ことが できる 薬(くすり)が あります。

飲(の)んで みます OR 飲(の)みません？

단어

芸能人(げいのうじん) 연예인 | 話(はな)しかける 말을 걸다 | ～枚(まい) ～장 | ウォン 원(화폐 단위) | 宝(たから)くじ 복권 | ～等(とう) ～등 | ～億(おく) ～억
チケット 티켓 | ただ 공짜 | 出演(しゅつえん) 출연 | ～歳(さい) ～세, ～살

単語チェック
단어체크

알고 있는 단어들을 네모 안에 체크해 봅시다.

1류동사

- ☐ あるく(歩く)
- ☐ おとす(落とす)
- ☐ さがす(探す)
- ☐ たつ(立つ)
- ☐ なくす
- ☐ ぬすむ(盗む)
- ☐ はく
- ☐ よる

2류동사

- ☐ いれる(入れる)
- ☐ かんがえる(考える)
- ☐ きめる(決める)
- ☐ しらべる(調べる)
- ☐ とめる(止める)
- ☐ はなしかける(話しかける)

3류동사

- ☐ きゅうけいする(休憩する)

な형용사

- ☐ かんたんだ(簡単だ)

부사

- ☐ うっかり
- ☐ すこし(少し)
- ☐ つい
- ☐ まず

음식

- ☐ しお(塩)
- ☐ とりにく(とり肉)
- ☐ ひるごはん(昼ご飯)

의류

- ☐ きもの(着物)
- ☐ スカート
- ☐ てぶくろ(手袋)

가게

- ☐ やおや(八百屋)

기타

- ☐ えんぴつ(鉛筆)
- ☐ かえり(帰り)
- ☐ ガソリン
- ☐ けいたいでんわ(携帯電話)
- ☐ げいのうじん(芸能人)
- ☐ さくぶん(作文)
- ☐ しゅつえん(出演)
- ☐ せき(席)
- ☐ たからくじ(宝くじ)
- ☐ ただ
- ☐ てんちょう(店長)
- ☐ もの(物)
- ☐ らいしゅう(来週)
- ☐ おきゃくさん(お客さん)

숙어표현

- ☐ うそを つく
- ☐ エアコンを つける

Lesson

04

ごみを 捨(す)てないでください

이 과에서는 동사의 부정형(ない형)과 그것을 응용한 다양한 표현에 대해 학습한다.

ここがポイント

1 동사의 부정형 (ない형)

2 동사 부정형의 쓰임 I 「부정의 의뢰・지시」

3 동사 부정형의 쓰임 II 「부정의 허가」

4 동사 부정형의 쓰임 III 「의무」

5 동사 부정형의 쓰임 IV 「부대상황」

はじめよう 시작해봅시다

❶ 단어와 해당 그림을 선으로 연결하시오.

• ごみを 捨(す)てる

• 頂上(ちょうじょう)に 登(のぼ)る

• きれいに 片(かた)づける

❷ 다음의 표현을 잘 들어보세요. MP3 15

- ごみを 捨(す)てないで ください。 쓰레기를 버리지 마세요.
- 頂上(ちょうじょう)まで 登(のぼ)らなくても いいです。 정상까지 오르지 않아도 됩니다.
- きれいに 片(かた)づけなくては いけません。
  깨끗하게 치우지 않으면 안 됩니다.
- ご飯(はん)を 食(た)べないで 学校(がっこう)に 行(い)きました。
  밥을 먹지 않고 학교에 갔습니다.

よんでみよう 읽어 봅시다

1 강의실 창문에서 큰 다나바타 장식이 보인다.

MP3 16

TIP 소원 쓰기

소원을 비는 형태는 나라마다 다르지만, 일본에서는 이루고자 하는 바람을 글로 적어 특정 장소에 매다는 경우가 많다. 신사에서 흔히 볼 수 있는 「絵馬(えま)」가 그 중의 하나. 「絵馬(えま)」는 작은 나무판인데, '합격할 수 있기를' '결혼할 수 있기를' '취직할 수 있기를' 같은 소원을 적는다. 7월7일(지역에 따라서는 8월) 다나바타 날이 되면 「短冊(たんざく)」라고 불리는 종이에 소원을 적어 대나무에 매달기도 한다.

ダイアローグ 1 회화 1

金(キム) あれ、何(なん)ですか？

リン 来週(らいしゅう)は 七夕(たなばた)じゃ ないですか。

金(キム) タナバタ…？

リン はい。ここに 願(ねが)いごとを 書(か)いて、あそこの 木(き)に かけて くださいね。

金(キム) 願(ねが)いごとですか。

リン ちょっと 金(キム)さん、見(み)ないで ください！

金(キム) ええと、一生(いっしょう) 働(はたら)かないで 遊(あそ)んで 暮(く)らしたいです！

リン 金(キム)さん、人間(にんげん)、努力(どりょく)しないで 成功(せいこう)は しませんよ。

金(キム) はは、冗談(じょうだん)ですよ。

日本(にほん)で 就職(しゅうしょく)！ 金(キム)ジフ

단어

七夕(たなばた) 다나바타, 칠석제

願(ねが)いごと 소원

書(か)く 쓰다

木(き) 나무

ええと 저어

一生(いっしょう) 일생, 평생

人間(にんげん) 인간, 사람

成功(せいこう) 성공

冗談(じょうだん) 농담

就職(しゅうしょく) 취직

2 강의가 끝난 후, 김지후와 야마시타가 이야기를 하고 있다.

MP3 17

① 山下さん、私、今日は練習に 行かなくても いいですか。
② どうしてですか？
③ レポートを書かなくては いけなくて…。
④ ああ。じゃあ、来なくても いいですよ。
今日は 隣の 女子大の ギター部との 交流会で、練習は ないですから。
⑤ 女子大!?
⑥ 無理しなくて いいですよ。ぼくが 金さんの 分も 楽しんで きますから～。
⑦ 山下さん、私、1人では レポートを 書く ことが できません。ぜひ、手伝って ください。
⑧ さあ、帰りましょう。
⑨ 交流会～～。

TIP 여자대학

일본의 국립여자대학교는 오차노미즈여자대학(お茶の水女子大学)과 나라여자대학(奈良女子大学) 단 두 곳이다. 이 중 오차노미즈여자대학은 1875년 여성 교원의 양성을 목적으로 설립된 도쿄여자사범학교가 전신으로, 현재는 일본 유수의 명문대학으로 자리매김하고 있다. 이름이 길어 간략하게 「おちゃだい(お茶大)」라고 부르기도 한다.

ダイアローグ2 회화2

金(キム) 山下(やました)さん、私(わたし)、今日(きょう)は 練習(れんしゅう)に 行(い)かなくても いいですか。

山下(やました) どうしてですか。

金(キム) レポートを 書(か)かなくては いけなくて…。

山下(やました) ああ。じゃあ、来(こ)なくても いいですよ。
今日(きょう)は 隣(となり)の 女子大(じょしだい)の ギター部(ぶ)との 交流会(こうりゅうかい)で、練習(れんしゅう)は ないですから。

金(キム) 女子大(じょしだい)！?

山下(やました) 無理(むり)しなくて いいですよ。ぼくが 金(キム)さんの 分(ぶん)も 楽(たの)しんで きますから～。

金(キム) 山下(やました)さん、私(わたし)、1人(ひとり)では レポートを 書(か)く ことが できません。ぜひ、手伝(てつだ)って ください。さあ、帰(かえ)りましょう。

山下(やました) 交流会(こうりゅうかい)～～。

단어

じゃあ 그럼

隣(となり) 옆, 이웃

女子大(じょしだい) 여대, 여자 대학

ギター部(ぶ) 기타부

交流会(こうりゅうかい) 교류 모임

分(ぶん) 몫

楽(たの)しむ 즐기다

ぜひ 꼭, 반드시

さあ 자, 어서

1 동사의 부정형(ない형)

동사의 종류	규칙	동사	ない형
1류 동사	어미 「う단」을 「あ단」으로 바꾸고, 「ない」를 붙임	行く	行かない
		* 예외 言う	言わない
2류 동사	어미 「る」를 떼고, 「ない」를 붙임	見る	見ない
		食べる	食べない
3류 동사	불규칙활용	する	しない
		来る	来ない

예문 立つ → 立たない
かける → かけない
する → しない

단어
かける 걸다

연습문제

보기 怒(おこ)る

→ 怒(おこ)らない

1 騒(さわ)ぐ

→ ________________

2 遊(あそ)ぶ

→ ________________

3 会(あ)う

→ ________________

4 暮(く)らす

→ ________________

5 ほめる

→ ________________

6 負(ま)ける

→ ________________

7 努力(どりょく)する

→ ________________

8 連(つ)れて 来(く)る

→ ________________

단어

怒(おこ)る 화내다 | 騒(さわ)ぐ 떠들다 | 暮(く)らす 지내다 | ほめる 칭찬하다 | 負(ま)ける 지다 | 努力(どりょく)する 노력하다
連(つ)れて 来(く)る 데리고 오다

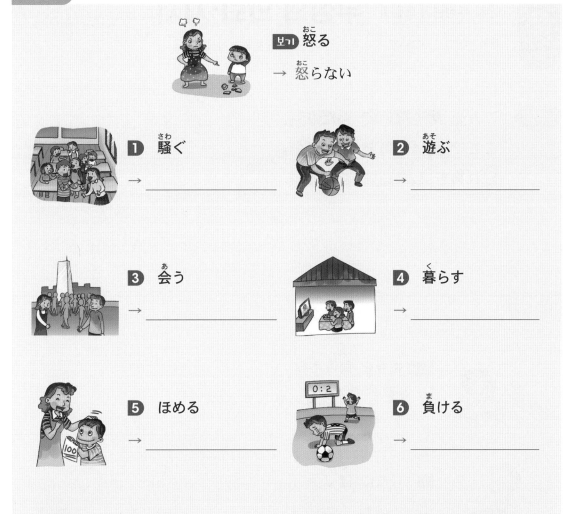

2 동사 부정형의 쓰임 I 부정의 의뢰·지시

동사 부정형 + ~ないで ください ~하지 말아 주세요, ~하지 마세요

예문

ごみを 捨(す)てないで ください。

ここで 遊(あそ)ばないで ください。

忘(わす)れ物(もの)を しないで ください。

연습문제

보기 番号(ばんごう)を 間違(まちが)える

→ 番号(ばんごう)を 間違(まちが)えないで ください。

1 ここに 置(お)く

→ ________________________________

2 心配(しんぱい)する

→ ________________________________

단어

ごみ 쓰레기 | 捨(す)てる 버리다 | 忘(わす)れ物(もの)を する 물건을 잊다 | 間違(まちが)える 틀리다 | 置(お)く 두다, 놓다 | 心配(しんぱい)する 걱정하다

3 동사 부정형의 쓰임 II **부정의 허가**

동사 부정형 + ~なくても いいです ~하지 않아도 됩니다, ~하지 않아도 괜찮습니다

예문

かぎは 閉(し)めなくても いいです。

明日(あした)は 学校(がっこう)に 行(い)かなくても いいです。

そんなに 謝(あやま)らなくても いいです。

연습문제

보기 頂上(ちょうじょう)まで 登(のぼ)る

→ 頂上(ちょうじょう)まで 登(のぼ)らなくても いいです。

1 今(いま) すぐ 払(はら)う

→ ________________________________

2 無理(むり)に 食(た)べる

→ ________________________________

단어

そんなに 그렇게 | 謝(あやま)る 사과하다 | 頂上(ちょうじょう) 정상 | 登(のぼ)る 오르다 | 今(いま) すぐ 지금 바로 | 無理(むり)だ 무리다

4 동사 부정형의 쓰임 Ⅲ **의무**

동사 부정형 + ～なくては いけません ～하지 않으면 안 됩니다, ～해야 됩니다

예문

明日(あした)までに レポートを 出(だ)さなくては いけません。

約束(やくそく)は 守(まも)らなくては いけません。

食事(しょくじ)の 用意(ようい)を しなくては いけません。

연습문제

보기 きれいに 片(かた)づける

→ きれいに 片(かた)づけなくては いけません。

1 必(かなら)ず 勝(か)つ

→ ______________________________

2 火事(かじ)に 気(き)を つける

→ ______________________________

단어

約束(やくそく) 약속 | 守(まも)る 지키다 | 用意(ようい) 준비 | 片(かた)づける 정리하다 | 必(かなら)ず 반드시 | 勝(か)つ 이기다 | 着(つ)く 도착하다 | 火事(かじ) 화재

5 동사 부정형의 쓰임Ⅳ **부대상황**

동사 부정형 + **~ないで** ~하지 않은 채로, ~하지 않고

예문

ご飯(はん)を **食(た)べないで** 学校(がっこう)に 行(い)きました。

ゆうべは **寝(ね)ないで** 仕事(しごと)を しました。

コートを **着(き)ないで** 出(で)かけました。

연습문제

보기 相談(そうだん)する・決(き)める

→ 相談(そうだん)しないで 決(き)めました。

1 はしを 使(つか)う・食(た)べる

→ ______________________________

2 教科書(きょうかしょ)を 見(み)る・問題(もんだい)を 解(と)く

→ ______________________________

단어

ゆうべ 어젯밤 | コート 코트 | 相談(そうだん)する 상담하다 | はし 젓가락 | 解(と)く 풀다

やってみよう 부정 지시 / 나의 꿈은?

1 그림을 보고 알맞은 표현을 써 봅시다.

1

先生、教科書を
見ても いいですか。
いいえ、
__________ください。

2

ここに ごみを
捨てても いいですか。
いいえ、
__________ください。

단어

教科書(きょうかしょ) 교과서

2 질문에 대해 자신의 생각을 적어 봅시다.

1 あなたの 夢(ゆめ)は 何(なん)ですか。

私(わたし)の 夢(ゆめ)は ______________________________

____

____ことです。

2 その 夢(ゆめ)の ために、どんな 努力(どりょく)を しなくては いけませんか。

私(わたし)の 夢(ゆめ)の ために ______________________________

____

________________________________なくては いけません。

단어

~のために ~를 위해

はなしてみよう 말해 봅시다

두 사람이 짝이 되어 자신에 대해서 이야기해 봅시다.

MP3 18

보기

暑(あつ)い 日(ひ)に 帽子(ぼうし)を かぶって 出(で)かけますか。

→ はい。私(わたし)は 帽子(ぼうし)を かぶって 出(で)かけます。

→ いいえ。私(わたし)は 帽子(ぼうし)を かぶらないで 出(で)かけます。

1

くもりの 日(ひ)に かさを 持(も)って 出(で)かけますか。

→ ____________________。

2

コーヒーに 砂糖(さとう)と ミルクを 入(い)れて 飲(の)みますか。

→ ____________________。

3

近(ちか)くの スーパーに 携帯(けいたい)を 持(も)って 行(い)きますか。

→ ____________________。

4

毎朝(まいあさ)、ご飯(はん)を 食(た)べて 学校(がっこう)や 会社(かいしゃ)に 行(い)きますか。

→ ____________________。

くもり 흐림 | 砂糖(さとう) 설탕 | ミルク 우유 | 近(ちか)く 근처

単語チェック
단어체크

알고 있는 단어들을 네모 안에 체크해 봅시다.

1류동사

- □ あやまる(謝る)
- □ おく(置く)
- □ おこる(怒る)
- □ かく(書く)
- □ かつ(勝つ)
- □ くらす(暮らす)
- □ さわぐ(騒ぐ)
- □ たのしむ(楽しむ)
- □ つく(着く)
- □ とく(解く)
- □ のぼる(登る)
- □ まもる(守る)

2류동사

- □ かける
- □ かたづける(片づける)
- □ すてる(捨てる)
- □ ほめる
- □ まける(負ける)
- □ まちがえる(間違える)

3류동사

- □ しんぱいする(心配する)
- □ そうだんする(相談する)
- □ どりょくする(努力する)

な형용사

- □ むりだ(無理だ)

부사

- □ かならず(必ず)

음식

- □ さとう(砂糖)
- □ ミルク

기타

- □ いっしょう(一生)
- □ かじ(火事)
- □ き(木)
- □ くもり
- □ コート
- □ ごみ
- □ しゅうしょく(就職)
- □ じょうだん(冗談)
- □ しょうひん(商品)
- □ せいこう(成功)
- □ たなばた(七夕)
- □ ちかく(近く)
- □ となり(隣)
- □ にんげん(人間)
- □ ねだん(値段)
- □ はし
- □ やくそく(約束)
- □ ゆうべ
- □ ようい(用意)

숙어표현

- □ わすれものを する(忘れ物を する)

Lesson

05

鳥(とり)が 飛(と)んで います

이 과에서는 동사의 て いる형과 그것을 응용한 다양한 표현에 대해 학습한다.

ここが ポイント

1 동사 て いる형의 쓰임 I 「현재진행」

2 동사 て いる형의 쓰임 II 「반복되는 습관·경향」

3 동사 て いる형의 쓰임 III 「결과·상태의 지속」

4 동사 て いる형의 응용 I 「부정형」

5 동사 て いる형의 응용 II 「형용사적 용법」

6 동사 て いる형의 응용 III 「명사수식절」

はじめよう 시작해봅시다

❶ 단어와 해당 그림을 선으로 연결하시오.

- 鳥(とり)が 飛(と)ぶ
- お金(かね)が 落(お)ちる
- 桜(さくら)が 咲(さ)く

❷ 다음의 표현을 잘 들어보세요. MP3 19

- 鳥(とり)が 飛(と)んで います。 새가 날고 있습니다.
- 毎日(まいにち)、牛乳(ぎゅうにゅう)を 飲(の)んで います。 매일 우유를 마시고 있습니다.
- 道(みち)に お金(かね)が 落(お)ちて います。 길에 돈이 떨어져 있습니다.
- 桜(さくら)は まだ 咲(さ)いて いません。 벚꽃은 아직 피지 않았습니다.

1 김지후와 야마시타가 도서관에서 이야기를 하고 있다. MP3 20

① 金さん、何を して いますか。
② 試験の 勉強です。最近 毎日、図書館に 来て 勉強して います。
③ そうですか。レポートは もう 終わりましたか。
④ いいえ、まだ 終わって いません。
⑤ ぼくも まだ…。
⑥ ぼく、昨日は 3時間しか 寝ていません。
⑦ 本当に 疲れますね。
추욱-
⑧ 本当ですね。

TIP 일본 최고대학 도쿄대

1877년에 개교한 국립 종합대학 도쿄대는 명실공히 일본 최고의 대학이다. 다수의 노벨상 수상자를 배출했으며, 매년 발표되는 세계대학 순위(THE World University Rankings)에서도 일본의 대학 중 유일하게 50위권 안에 포진한다. 도쿄대의 교문이자 상징인 「赤門(あかもん)」은 일본의 중요문화재로 지정되어 있다.

ダイアローグ 1 회화1

山下(やました) 金(キム)さん、何(なに)を して いますか。

金(キム) 試験(しけん)の 勉強(べんきょう)です。最近(さいきん) 毎日(まいにち)、図書館(としょかん)に 来(き)て 勉強(べんきょう)しています。

山下(やました) そうですか。レポートは もう 終(お)わりましたか。

金(キム) いいえ、まだ 終(お)わって いません。

山下(やました) ぼくも まだ…。

ぼく、昨日(きのう)は 3時間(さんじかん)しか 寝(ね)ていません。本当(ほんとう)に 疲(つか)れますね。

金(キム) 本当(ほんとう)ですね。

단어

試験(しけん) 시험

最近(さいきん) 최근

～しか ~밖에(뒤에 부정 수반)

2 강의실에서 공부를 하고 있는 김지후에게 린이 찾아 왔다.

MP3 21

TIP 잘 봤어

한국어의 경우 감사의 마음을 전할 때 '고맙다'라는 말을 다른 표현으로 해도 무방하다. 가령, 친구에게 빌린 책을 돌려줄 때, '고마워' 대신 '잘 봤어'라고 하면 그것이 바로 감사 인사가 되기 때문. 하지만 일본어는 빌린 물건을 돌려 줄 때 반드시「ありがとう」라고 해야 감사의 마음이 전달된다.

ダイアローグ2 회화2

リン 金(キム)さん、ノート、貸(か)しましょうか。

金(キム) 本当(ほんとう)ですか。リンさんは もう 使(つか)いませんか。

リン 私(わたし)は この 科目(かもく)の 試験勉強(しけんべんきょう)は 終(お)わって いますから、
大丈夫(だいじょうぶ)ですよ。
この、赤(あか)で 書(か)いて いる ところが ポイントです。
ちゃんと 覚(おぼ)えて くださいね。

金(キム) ありがとう、リンさん。助(たす)かります。

金(キム) ノート、ありがとう。

リン 金(キム)さんに よく 似(に)ていますね。

단어

科目(かもく) 과목

ところ 곳, 부분

ポイント 포인트

助(たす)かる 도움이 되다

文法チェック 문법 체크

1 동사 ている형의 쓰임 I 현재진행

동작동사의 ている형 ~하고 있다, ~이 현재 진행 중이다

예문

今(いま) 本(ほん)を 読(よ)んで います。

鳥(とり)が 飛(と)んで います。

女(おんな)の人(ひと)が おしゃべりを して います。

연습문제

보기 昨日(きのう)から 雪(ゆき)が 降(ふ)る

→ 昨日(きのう)から 雪(ゆき)が 降(ふ)って います。

1 母(はは)が 鏡(かがみ)を 見(み)る

→ ______________________

2 うるさい 音楽(おんがく)が 鳴(な)る

→ ______________________

단어

鳥(とり) 새 | 飛(と)ぶ 날다 | おしゃべり 잡담 | 鏡(かがみ) 거울 | 雪(ゆき) 눈 | うるさい 시끄럽다 | 鳴(な)る 소리가 나다, 울리다

2 동사 ている형의 쓰임 II **반복되는 습관·경향**

(시간부사) + 동작동사의 ている형 (시간부사) + 항상 반복적으로 ~하다

예문

毎日(まいにち)、牛乳(ぎゅうにゅう)を 飲(の)んで います。

おじは 新聞社(しんぶんしゃ)に 勤(つと)めて います。

休(やす)みの 日(ひ)には 絵(え)を 描(か)いて います。

연습문제

보기 毎晩(まいばん) 寝(ね)る 前(まえ)に 小説(しょうせつ)を 読(よ)む

→ 毎晩(まいばん) 寝(ね)る 前(まえ)に 小説(しょうせつ)を 読(よ)んで います。

1 この 店(みせ)では 野菜(やさい)を 売(う)る

→ ______________________

2 朝(あさ)は いつも 6時(ろくじ)に 起(お)きる

→ ______________________

단어

おじ 숙부, 고모부, 이모부 | 新聞社(しんぶんしゃ) 신문사 | 勤(つと)める 근무하다 | 売(う)る 팔다 | 毎晩(まいばん) 매일 밤 | 小説(しょうせつ) 소설

3 동사ている형의 쓰임Ⅲ 결과·상태의 지속

상태동사의 ている형 ~이 되어 있다, ~한 상태가 현재까지 지속 중이다

예문

授業(じゅぎょう)は もう 終(お)わって います。

道(みち)に お金(かね)が 落(お)ちて います。

父(ちち)は 黒(くろ)い スーツを 着(き)て います。

연습문제

보기 カーテンが 汚(よご)れる

→ カーテンが 汚(よご)れて います。

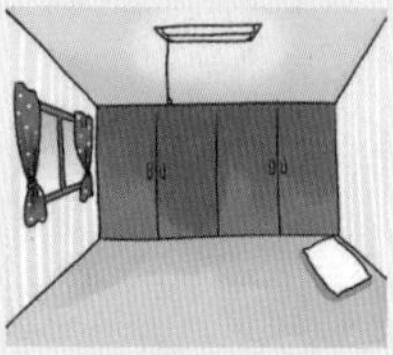

1 部屋(へや)の 電気(でんき)が つく

→ ____________________

2 教室(きょうしつ)の 窓(まど)が 割(わ)れる

→ ____________________

단어

落(お)ちる 떨어지다 | スーツ 정장 | 電気(でんき) 전깃불 | カーテン 커튼 | 汚(よご)れる 더러워지다 | 割(わ)れる 깨지다

4 동사 ている형의 응용 I 부정형

～ていない ～해 있지 않다, ～하지 않았다

예문 バスは まだ 来て いません。

桜は まだ 咲いて いません。

田中さんは まだ 会社に 戻って いません。

연습문제

보기 風邪は 治りましたか。

→ はい、もう 治りました。

→ いいえ、まだ 治って いません。

1 仕事は 見つかりましたか。

→ ______________________

→ ______________________

2 ホテルの 予約は しましたか。

→ ______________________

→ ______________________

단어

まだ 아직 | 咲く (꽃이) 피다 | 戻る 돌아오다 | 治る 낫다 | 見つかる 찾다, 발견되다 | 予約 예약

5 동사 ている형의 응용 II **형용사적 용법**

似(に)る, やせる, 太(ふと)る, そびえる, 結婚(けっこん)する, しっかりする, あっさりする 등

① 현재의 상태를 나타낼 때 기본형이 아닌 **ている**형이 주로 사용된다.

② **ている**형 자체가 상태・결과의 지속의 의미를 나타내어, 동사임에도 불구하고 형용사와 유사한 성질을 지닌다.

예문

私(わたし)は 母(はは)に 似(に)て います。

遠(とお)くに 山(やま)が そびえて います。

この ラーメンは あっさりして います。

연습문제

보기 私(わたし)は 結婚(けっこん)する

→ 私(わたし)は 結婚(けっこん)して います。

1 弟(おとうと)は 太(ふと)る

→ ______________________________

2 彼女(かのじょ)は しっかりする

→ ______________________________

단어

似(に)る 닮다 | そびえる 우뚝 솟다 | あっさりする 담백하다 | 結婚(けっこん)する 결혼하다 | しっかりする 확실하다, 똑똑하다

6 동사 ている형의 응용Ⅲ **명사수식절**

동사의 ている형 + 명사 ~하고 있는 + 명사

예문 めがねを かけて いる 人(ひと)が 校長先生(こうちょうせんせい)です。

走(はし)って いる 車(くるま)に 気(き)を つけて ください。

休(やす)みの 日(ひ)でも 開(あ)いて いる 店(みせ)が あります。

연습문제

보기 青(あお)い ネクタイを する・金(キム)さんの お兄(にい)さん

→ 青(あお)い ネクタイを して いる 人(ひと)が 金(キム)さんの お兄(にい)さんです。

1 あそこで 花(はな)を 植(う)える・私(わたし)の おば

→ ____________________

2 門(もん)の 前(まえ)に 立(た)つ・林(はやし)さんの お姉(ねえ)さん

→ ____________________

단어

めがねを かける 안경을 쓰다 | 校長先生(こうちょうせんせい) 교장 선생님 | 青(あお)い 파랗다 | ネクタイ 넥타이 | お兄(にい)さん 오빠, 형 | 植(う)える 심다 | おば 숙모, 고모, 이모 | 門(もん) 문 | お姉(ねえ)さん 언니, 누나

やってみよう 모습 표현하기 / 이유 말하기

1 그림을 보고 보기와 같이 이야기해 봅시다.

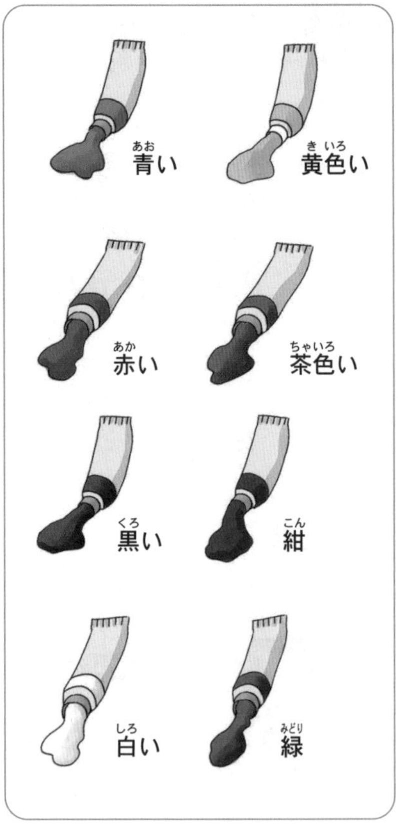

보기 青(あお)い 帽子(ぼうし)を かぶって います。

→ ＿＿＿＿＿＿＿＿＿＿＿＿＿＿＿＿ て います。

→ ＿＿＿＿＿＿＿＿＿＿＿＿＿＿＿＿ て います。

→ ＿＿＿＿＿＿＿＿＿＿＿＿＿＿＿＿ て います。

→ ＿＿＿＿＿＿＿＿＿＿＿＿＿＿＿＿ て います。

→ ＿＿＿＿＿＿＿＿＿＿＿＿＿＿＿＿ て います。

단어

黄色(きいろ)い 노랗다 | 茶色(ちゃいろ)い 갈색이다 | 紺(こん) 짙은 남색 | 緑(みどり) 녹색

2 두 사람이 짝이 되어 보기와 같이 대화를 해 봅시다.

MP3 22

보기

ご飯(はん)を 食(た)べる

1

会議(かいぎ)を する

2

お弁当(べんとう)を 作(つく)る

3

レポートを 書(か)く

보기

A：もしもし。

B：もしもし。Bです。こんにちは。今(いま)、お電話(でんわ)大丈夫(だいじょうぶ)ですか。

A：あ、Bさん。こんにちは。
すみませんが、今(いま)、<u>ご飯(はん)を 食(た)べて います</u>から、
あとで 電話(でんわ)を しても いいですか。

B：はい、わかりました。お願(ねが)いします。

단어

昼休(ひるやす)み 점심시간

はなしてみよう 말해 봅시다

자신에 대해서 이야기해 봅시다.

1 あなたが 毎日(まいにち) 必(かなら)ず して いる ことは 何(なん)ですか。

私(わたし)は 毎日(まいにち) 必(かなら)ず ______________________________ て います。

2 あなたは 昼休(ひるやす)みに いつも 何(なに)を して いますか。

私(わたし)は 昼休(ひるやす)みに いつも ______________________________ て います。

3 あなたは 休(やす)みの 日(ひ)に いつも 何(なに)を して いますか。

私(わたし)は 休(やす)みの 日(ひ)に いつも ______________________________ て います。

4 いつも 何(なに)で 学校(がっこう)(会社(かいしゃ))に 通(かよ)って いますか。

私(わたし)は いつも ______________________________ て います。

5 毎朝(まいあさ) 電車(でんしゃ)(バス)の 中(なか)で 何(なに)を して いますか。

私(わたし)は 毎朝(まいあさ) 電車(でんしゃ)(バス)の 中(なか)で ______________________________ て います。

単語チェック
단어체크

알고 있는 단어들을 네모 안에 체크해 봅시다.

1류동사
- □ うる(売る)
- □ さく(咲く)
- □ たすかる(助かる)
- □ とぶ(飛ぶ)
- □ なおる(治る)
- □ なる(鳴る)
- □ みつかる(見つかる)
- □ もどる(戻る)

2류동사
- □ うえる(植える)
- □ おちる(落ちる)
- □ そびえる
- □ つとめる(勤める)
- □ にる(似る)
- □ やせる
- □ よごれる(汚れる)
- □ われる(割れる)

3류동사
- □ けっこんする(結婚する)

い형용사
- □ うるさい

부사
- □ まだ

때를 나타내는 단어
- □ さいきん(最近)
- □ まいばん(毎晩)

사람
- □ おじ
- □ おにいさん(お兄さん)
- □ おねえさん(お姉さん)
- □ おば
- □ こうちょうせんせい(校長先生)

색
- □ あおい(青い)
- □ きいろい(黄色い)
- □ こん(紺)
- □ ちゃいろい(茶色い)
- □ みどり(緑)

의류
- □ スーツ
- □ ネクタイ

기타
- □ おしゃべり
- □ かがみ(鏡)
- □ カーテン
- □ かもく(科目)
- □ しけん(試験)
- □ しょうせつ(小説)
- □ でんき(電気)
- □ とり(鳥)
- □ もん(門)
- □ ゆき(雪)
- □ よやく(予約)

숙어표현
- □ めがねを かける

Lesson

06

動物(どうぶつ)を 飼(か)った ことが あります

이 과에서는 동사의 과거형(た형)과 그것을 응용한 다양한 표현에 대해 학습한다.

ここが ポイント

1. 동사의 과거형 (た형)
2. 동사 た형의 응용 I「과거의 경험」
3. 동사 た형의 응용 II「충고표현」
4. 동사 た형의 응용 III「부대상황」
5. 동사 た형의 응용 IV「시간적 순서」
6. 동사 た형의 응용 V「선택표현」

はじめよう 시작해봅시다

❶ 단어와 해당 그림을 선으로 연결하시오.

- 動物(どうぶつ)を 飼(か)う
- 荷物(にもつ)を 送(おく)る
- 空手(からて)を 習(なら)う

❷ 다음의 표현을 잘 들어보세요. MP3 **23**

- **動物(どうぶつ)を 飼(か)っ**た ことが あります。 동물을 기른 적이 있습니다.
- **薬(くすり)を 飲(の)ん**だ ほうが いいですよ。 약을 먹는 편이 좋습니다.
- **荷物(にもつ)を 送(おく)っ**た あとで **連絡(れんらく)します。**
  짐을 부친 다음에 연락하겠습니다.
- **日本(にほん)で 旅行(りょこう)し**たり、**空手(からて)を 習(なら)っ**たり します。
  일본에서 여행하기도 하고, 가라테를 배우기도 합니다.

よんでみよう 읽어 봅시다

1 린과 야마시타가 교정을 걸으며 이야기하고 있다. MP3 **24**

① ようやく 夏休みですね。
② リンさん、日本の 温泉に 行った ことが ありますか。
③ いいえ。テレビで 見た ことは ありますけど、行った ことは ないです。
④ じゃあ、週末に いっしょに 箱根に 行きませんか。
⑤ いいですね。
⑥ 箱根で てんぷらを 食べたり おそばを 食べたり したいです。
둥
둥
⑦ そうですね。温泉に 入ったり お土産を 買ったり… きっと、楽しいですよ。
⑧ じゃあ、金さんにも 聞いた あとで 電話しますね。
⑨ はい！

TIP 하코네

가나가와현의 서부에 위치한 하코네(箱根)는 대자연을 느낄 수 있는 지역이다. 예로부터 도쿄와 교토를 잇는 길의 관문으로 번창한 하코네는 특히 온천이 유명하여 오가는 여행객들이 여독을 풀었다고 한다. 도쿄에서 하코네까지는 전철로 1시간 30분 정도밖에 걸리지 않아 누구나 가벼운 마음으로 들를 수 있는 관광지로서 내외국인을 불문하고 인기다.

ダイアローグ 1 회화 1

リン ようやく 夏休みですね。

山下 リンさん、日本の 温泉に 行った ことが ありますか。

リン いいえ。テレビで 見た ことは ありますけど、行った ことは ないです。

山下 じゃあ、週末に いっしょに 箱根に 行きませんか。

リン いいですね。箱根で てんぷらを 食べたり おそばを 食べたり したいです。

山下 そうですね。温泉に 入ったり お土産を 買ったり…
きっと、楽しいですよ。
じゃあ、金さんにも 聞いた あとで 電話しますね。

リン はい！

단어

ようやく 드디어, 겨우
温泉 온천
箱根 하코네(지명)
てんぷら 튀김
きっと 꼭, 분명히

2 단풍의 계절. 린과 김지후, 야마시타는 하코네 역에 도착했다.

MP3 25

TIP 일본 온천

온천은 일본인에게 매우 익숙하고 가까운 존재이다. 전세계 활화산의 약 10%가 집중되어 있는 일본 답게 화산성 온천이 많다. 일본 전역에 산재한 온천의 수는 숙박시설과 공공목욕탕 등을 합쳐 자그만치 2만 곳이 넘는다고. 온천으로 유명한 지역은 오이타현의 유후인, 뱃푸, 시즈오카현의 아타미, 도치기현의 기누가와, 군마현의 구사쓰 등이다.

ダイアローグ2 회화2

リン うわあ、人(ひと)が 多(おお)いですね！

金(キム) この 先(さき)の 温泉(おんせん)ですよ。

美人(びじん)の湯(ゆ)！ りんさん、入(はい)った ほうが いいですよ～。

リン そうですね。今(いま)のままでも 美人(びじん)ですけど。

1時間後(いちじかんご)

リン 気持(きも)ち よかったですね～。さあ、早(はや)く ご飯(はん)を 食(た)べに 行(い)きましょう。

山下(やました) あれ、リンさん、それ…。

リン あ、温泉(おんせん)の スリッパを はいたまま 来(き)て しまいました。

단어

先(さき) 앞

気持(きも)ち 기분

あれ 어?, 아니

スリッパ 슬리퍼

文法チェック 문법 체크

1 동사의 과거형(た형)

기본적인 활용법은 て형과 동일함.

예문

引(ひ)く → 引(ひ)いた
伝(つた)える → 伝(つた)えた
見物(けんぶつ)する → 見物(けんぶつ)した

연습문제

보기 飾(かざ)る
→ 飾(かざ)った

1 汚(よご)れる
→ ______

2 案内(あんない)する
→ ______

단어

引(ひ)く 당기다 | 伝(つた)える 전하다 | 見物(けんぶつ)する 구경하다 | 飾(かざ)る 장식하다 | 案内(あんない)する 안내하다

2 동사 た형의 응용 I 과거의 경험

동사의 た형 + ことが あります ~한 적이 있습니다

예문 ディズニーランドに 行った ことが あります。

中国の お酒を 飲んだ ことが あります。

工場で アルバイトを した ことが あります。

연습문제

보기 日本の 旅館に 泊まる

→ 日本の 旅館に 泊まった ことが あります。

1 動物を 飼う

→ ______________________

2 地震を 経験する

→ ______________________

단어

工場 공장 | 旅館 여관 | 泊まる 묵다 | 動物 동물 | 飼う 기르다 | 地震 지진 | 経験する 경험하다

3 동사의 た형의 응용 II **충고표현**

동사의 た형 + ほうが いいです ~하는 편이 좋습니다

예문

薬(くすり)を 飲(の)んだ ほうが いいですよ。
彼(かれ)とは もう 別(わか)れた ほうが いいです。
早(はや)く 連絡(れんらく)した ほうが いいです。

연습문제

보기 お母(かあ)さんに 見(み)せる

→ お母(かあ)さんに 見(み)せた ほうが いいですよ。

1 はっきり 言(い)う

→ ______________________

2 ちゃんと 予習(よしゅう)を する

→ ______________________

단어

別(わか)れる 헤어지다 | 連絡(れんらく)する 연락하다 | 見(み)せる 보이다 | はっきり 똑똑히, 분명히 | 言(い)う 말하다
ちゃんと 꼼꼼히, 착실하게 | 予習(よしゅう) 예습

4 동사 た형의 응용 Ⅲ **부대상황**

동사의 た형 + まま ~한 채로, ~인 상태로

예문 めがねを かけたまま 寝て しまいました。

兄は 出かけたまま まだ 帰って きません。

ドアの 前に 立ったまま ずっと 待って いました。

연습문제

보기 電気を つける・眠る

→ 電気を つけたまま、眠って しまいました。

1 ポケットに お金を 入れる・洗濯する

→ ______________________________

2 タクシーの 中に かさを 置く・降りる

→ ______________________________

단어

眠る 자다 | ポケット 주머니 | タクシー 택시

5 동사 た형의 응용 Ⅳ **시간적 순서**

동사의 た형 + あとで ~한 후에

예문

両親(りょうしん)に 聞(き)いた あとで 電話(でんわ)します。

意味(いみ)を 調(しら)べた あとで 辞書(じしょ)を 返(かえ)します。

復習(ふくしゅう)を した あとで テレビを 見(み)ます。

연습문제

보기 荷物(にもつ)を 送(おく)る・連絡(れんらく)する

→ 荷物(にもつ)を 送(おく)った あとで 連絡(れんらく)します。

1 子供(こども)が 寝(ね)る・掃除(そうじ)を する

→ ____________________

2 運動(うんどう)を する・ビールを 飲(の)む

→ ____________________

단어

両親(りょうしん) 양친, 부모님 | 意味(いみ) 의미 | 返(かえ)す 돌려주다 | 復習(ふくしゅう) 복습 | 送(おく)る 보내다

6 동사 た형의 응용 V **선택표현**

~たり ~たり します ~하거나 ~하거나 합니다

예문

音楽(おんがく)を **聞(き)いたり** 映画(えいが)を **見(み)たり** **します**。

日本(にほん)で **旅行(りょこう)したり** 空手(からて)を **習(なら)ったり** **します**。

さっきから ドアの 前(まえ)を **行(い)ったり** **来(き)たり** **して** います。

연습문제

보기 歌(うた)を 歌(うた)う・いっしょに 踊(おど)る

→ 歌(うた)を 歌(うた)ったり いっしょに 踊(おど)ったり します。

1 新聞(しんぶん)を 読(よ)む・テレビを 見(み)る

→ ________________________________

2 ネットショッピングを する・メールを 送(おく)る

→ ________________________________

단어

空手(からて) 가라테 | 習(なら)う 배우다 | さっき 조금 전 | 踊(おど)る 춤추다 | ネットショッピング 인터넷 쇼핑 | メール 메일

やってみよう 조언하기 / 인터뷰 / 그림 찾기

1 그림을 보고 빈칸에 알맞은 표현을 써 봅시다.

1

この 言葉の 意味が 分かりません。

辞書で________ ほうが いいですよ。

2

私、来週 桜を 見に 行きます。

桜ですか。
来週より 今週________ ほうが いいですよ。

2 아래의 질문을 읽고, 경험이 있으면 ○, 없으면 ×를 표시하세요. 옆 사람에게도 질문해 봅시다.

		私(わたし)	＿＿＿さん
1	外国(がいこく)で 暮(く)らした ことが ある。	○	
2	テレビに 出(で)た ことが ある。		
3	宝(たから)くじに 当(あ)たった ことが ある。		
4	芸能人(げいのうじん)の 髪型(かみがた)を まねした ことが ある。		
5	両親(りょうしん)に うそを ついて、遊(あそ)びに 行(い)った ことが ある。		
6	자유롭게 질문해 봅시다.		

3 아래의 ❶ ~ ❹를 읽고 A~D 중 어느 그림에 해당하는지 생각해 봅시다.

1. 開(あ)けたり 閉(し)めたり します。(　　)
2. 降(ふ)ったり やんだり します。(　　)
3. 上(のぼ)ったり 降(お)りたり します。(　　)
4. つけたり 消(け)したり します。(　　)

A
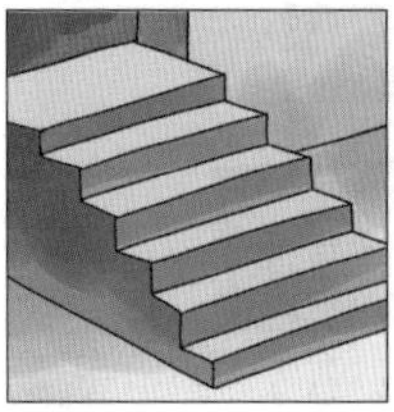
B
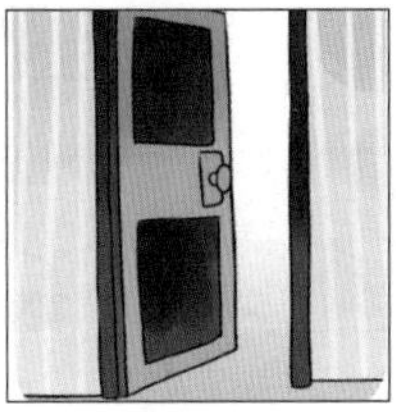
C
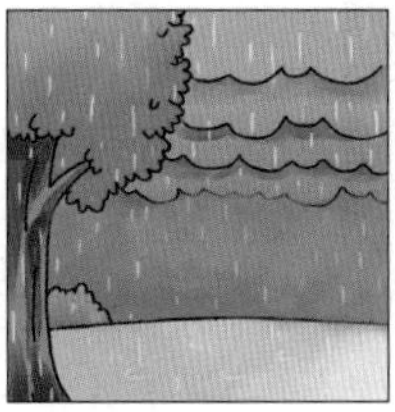
D

단어

当(あ)たる 맞다, 당첨되다 | 髪型(かみがた) 머리 모양 | まね 흉내 | やむ 그치다, 멈추다 | 上(のぼ)る 올라가다 | 消(け)す 끄다

はなしてみよう 말해 봅시다

두 사람이 짝이 되어 보기와 같이 대화를 해봅시다.

MP3 26

보기 朝起きて…

→

A ご飯を 食べる

OR

B 歯を 磨く

A 私は 朝起きて、ご飯を 食べた あとで 歯を 磨きます。Bさんは？

B 私は(も) 歯を 磨いた あとで ご飯を 食べます。

1 お風呂に 入って…

→

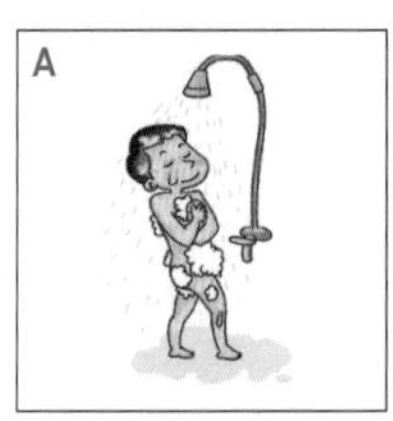

A 体を 洗う

OR

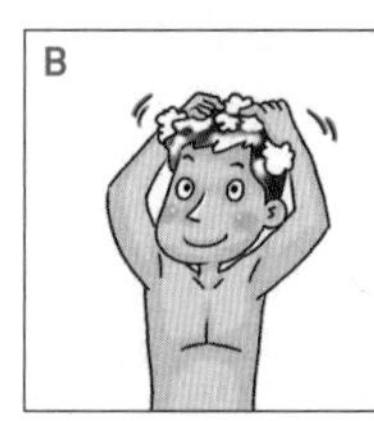

B 頭を 洗う

2 原作が 小説の 映画は…

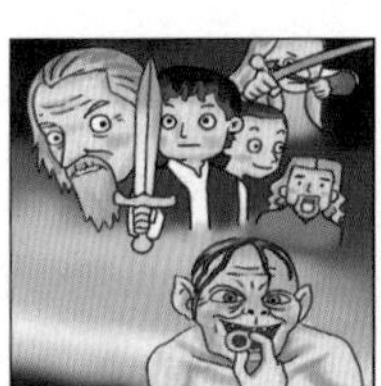

→

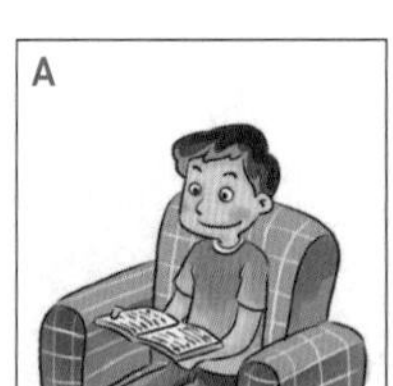

A 小説を 読む

OR

B 映画を 見る

단어

原作 원작 | 意見 의견 | 違う 다르다

単語チェック
단어체크

알고 있는 단어들을 네모 안에 체크해 봅시다.

1류동사

- □ あたる(当たる)
- □ いう(言う)
- □ おくる(送る)
- □ おどる(踊る)
- □ かう(飼う)
- □ かえす(返す)
- □ かざる(飾る)
- □ けす(消す)
- □ ちがう(違う)
- □ とまる(泊まる)
- □ ならう(習う)
- □ ねむる(眠る)
- □ のぼる(上る)
- □ ひく(引く)
- □ やむ

2류동사

- □ つたえる(伝える)
- □ みせる(見せる)
- □ わかれる(別れる)

3류동사

- □ あんないする(案内する)
- □ けいけんする(経験する)
- □ けんぶつする(見物する)
- □ れんらくする(連絡する)

부사

- □ きっと
- □ ちゃんと
- □ はっきり
- □ ようやく

신발

- □ サンダル
- □ スリッパ

공부

- □ ふくしゅう(復習)
- □ よしゅう(予習)

컴퓨터

- □ ネットショッピング
- □ メール

기타

- □ いけん(意見)
- □ いみ(意味)
- □ おんせん(温泉)
- □ からて(空手)
- □ げんさく(原作)
- □ こうじょう(工場)
- □ さき(先)
- □ さっき
- □ じしん(地震)
- □ タクシー
- □ てんぷら
- □ どうぶつ(動物)
- □ ポケット
- □ まね
- □ りょうしん(両親)
- □ りょかん(旅館)

Lesson

07

紅茶(こうちゃ)が 好(す)きに なりました

이 과에서는 동사의 가능형과 각 품사별 상태변화표현에 대해 학습한다.

ここがポイント

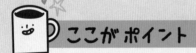

1. 1류 동사의 가능형
2. 2류 동사의 가능형
3. 3류 동사의 가능형
4. 상태변화표현 Ⅰ「동사 가능형의 상태변화」
5. 상태변화표현 Ⅱ「い형용사의 상태변화」
6. 상태변화표현 Ⅲ「な형용사의 상태변화」

はじめよう 시작해봅시다

❶ 단어와 해당 그림을 선으로 연결하시오.

- ニュースを 聞き取る
- 風邪が ひどい
- 紅茶が 好きだ

❷ 다음의 표현을 잘 들어보세요.

MP3 27

- 英語のニュースが 聞き取れるように なりました。
  영어 뉴스를 알아들을 수 있게 되었습니다.
- 風邪が ひどく なりました。
  감기가 심해졌습니다.
- 紅茶が 好きに なりました。
  홍차가 좋아졌습니다.

よんでみよう 읽어 봅시다

1 돗자리를 깔고 불꽃놀이를 보고 있다. MP3 28

TIP 유카타(ゆかた)

유카타는 본래 목욕을 마친 후 입는 실내복이나 잠옷이 주된 용도였으나, 최근에 와서는 축제나, 윤무(盆踊(ぼんおど)り), 불꽃놀이 때 입는 멋스러운 패션아이템이 되었다. 특히 여성용 유카타는 무늬와 색깔이 화려한 것이 많다. 또한 여관(旅館(りょかん))에서는 시설 안을 이동할 때 입는 유카타를 대여해 주기도 한다.

ダイアローグ1 회화1

リン　うわあ、きれいですね～。

金(キム)　花火(はなび)には やっぱり ビールですね～。
リンさん、ビール 飲(の)めますか。

リン　いいえ、飲(の)めないです。

山下(やました)　じゃあ、こっちを どうぞ。

リン　ありがとうございます。これ、食(た)べて ください。

金(キム)　おおーっ。リンさん、お弁当(べんとう)が 作(つく)れますか。

リン　はい、日本(にほん)に 来(き)て、できるように なりました。
夏(なつ)の いい 思(おも)い出(で)に なりますね。

단어

お弁当(べんとう) 도시락
思(おも)い出(で) 추억

2 전화로 신사에서 열리는 마쓰리에 대해 이야기하고 있다.

MP3 29

TIP 축제 음식

일본의 축제 음식에는 어떤 것이 있을까? 대중적인 것으로는 한국에서도 인기인 다코야키, 옥수수를 통째로 꼬챙이에 꿰어 구운 옥수수구이, 메밀국수를 볶은 야키소바, 한국의 부침개와 비슷한 오코노미야키, 사과를 통째로 엿에 굴린 링고아메, 껍질을 깐 바나나에 초콜릿을 입힌 초코바나나 등을 들 수 있다.

ダイアローグ2 회화2

リン 金(キム)さん、風邪(かぜ)は よく なりましたか。

金(キム) はい。おかげさまで、だいぶ 元気(げんき)に なりました。

リン 今日(きょう)の お祭(まつ)り 行(い)けますか。

金(キム) はい。

山下(やました)・リン 金(キム)さ～ん。

金(キム) 屋台(やたい)が たくさん ありますね。

山下(やました) あ、りんごあめ。

あれ、昔(むかし)より 小(ちい)さく なりましたよ。物価(ぶっか)が 高(たか)く なったからでしょうか。

リン 山下(やました)さんが 大人(おとな)に なったからですよ。

단어

おかげさまで 덕분에

だいぶ 많이, 꽤

屋台(やたい) 포장마차

りんごあめ 사과에 물엿을 묻힌 것

物価(ぶっか) 물가

大人(おとな) 어른

1 1류 동사의 가능형

어미인 「う단」을 「え단」으로 바꾼 후 「る」를 붙인다.

예문

言(い)う → 言(い)える
動(うご)く → 動(うご)ける
呼(よ)ぶ → 呼(よ)べる

연습문제

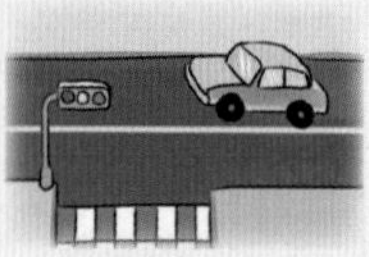

보기 通(とお)る
→ 通(とお)れる

1 写(うつ)す
→ ______________________

2 頼(たの)む
→ ______________________

단어

動(うご)く 움직이다 | 呼(よ)ぶ 부르다 | 通(とお)る 지나가다, 통과하다 | 写(うつ)す 찍다 | 頼(たの)む 부탁하다

2 2류 동사의 가능형

어미 「る」를 떼고 「られる」를 붙인다.

예문

着(き)る → 着(き)**られる**

始(はじ)める → 始(はじ)め**られる**

変(か)える → 変(か)え**られる**

연습문제

보기 覚(おぼ)える

→ 覚(おぼ)えられる

1 育(そだ)てる

→ ______________________________

2 数(かぞ)える

→ ______________________________

단어

始(はじ)める 시작하다 | 変(か)える 바꾸다 | 育(そだ)てる 키우다 | 数(かぞ)える 세다, 헤아리다

3 3류 동사의 가능형

する → できる

来(く)る → 来(こ)られる

예문

する → **できる**

来(く)る → **来(こ)られる**

説明(せつめい)する → 説明(せつめい)**できる**

연습문제

보기 生活(せいかつ)する

→ 生活(せいかつ)できる

1 退院(たいいん)する

→ ________________

2 招待(しょうたい)する

→ ________________

단어

説明(せつめい)する 설명하다 | 生活(せいかつ)する 생활하다 | 退院(たいいん)する 퇴원하다 | 招待(しょうたい)する 초대하다

4 상태변화표현 I 동사 가능형의 상태변화

~が + 동사의 가능형 + ように なりました ~을 ~할 수 있게 되었습니다

예문

お酒(さけ)が 飲(の)めるように なりました。

辛(から)い ものが 食(た)べられるように なりました。

英語(えいご)の ニュースが 聞(き)き取(と)れるように なりました。

연습문제

보기 ドイツ語(ご)の 新聞(しんぶん)を 読(よ)む

→ ドイツ語(ご)の 新聞(しんぶん)が 読(よ)めるように なりました。

1 一人(ひとり)で 浴衣(ゆかた)を 着(き)る

→ ______________________________

2 上手(じょうず)に 発音(はつおん)する

→ ______________________________

단어

辛(から)い 맵다 | ニュース 뉴스 | 聞(き)き取(と)る 알아듣다 | ドイツ語(ご) 독일어 | 浴衣(ゆかた) 유카타(면 홑옷) | 発音(はつおん)する 발음하다

5 상태변화표현 II い형용사의 상태변화

い형용사의 어간＋く なりました ~해졌습니다

예문

最近(さいきん)、寒(さむ)く なりましたね。

父(ちち)は この頃(ごろ) 優(やさ)しく なりました。

あの チームは 去年(きょねん)より 強(つよ)く なりました。

연습문제

보기 風邪(かぜ)が ひどい

→ 風邪(かぜ)が ひどく なりました。

1 天気(てんき)が いい

→ ____________________

2 部屋(へや)が 汚(きたな)い

→ ____________________

단어

この頃(ごろ) 요즈음 | 優(やさ)しい 온화하다, 상냥하다 | チーム 팀 | 強(つよ)い 강하다 | ひどい 심하다
何(なん)だか 어쩐지, 웬일인지 | 眠(ねむ)い 졸리다 | 天気(てんき) 날씨 | 汚(きたな)い 더럽다

6 상태변화표현 II **な형용사의 상태변화**

な형용사의 어간 + に なりました ~해졌습니다, ~하게 되었습니다

참고 명사 + に なりました ~이 되었습니다

예문

昔(むかし)より にぎやかに なりました。

都会(とかい)は もう 嫌(いや)に なりました。

弟(おとうと)は 立派(りっぱ)な 医者(いしゃ)に なりました。

연습문제

보기 駅前(えきまえ)が 便利(べんり)だ

→ 駅前(えきまえ)が 便利(べんり)に なりました。

1 紅茶(こうちゃ)が 好(す)きだ

→ ______________________________

2 木村君(きむらくん)が 有名(ゆうめい)だ

→ ______________________________

단어

都会(とかい) 도회, 도시 | 嫌(いや)だ 싫다 | だめだ 소용없다, 하시이다 | 紅茶(こうちゃ) 홍차 | ~君(くん) ~군 | 立派(りっぱ) 훌륭하다

やってみよう 가루타 게임 / 내가 할 수 있게 된 것

1 2장의 카드를 맞춰 문장을 만들어 봅시다.

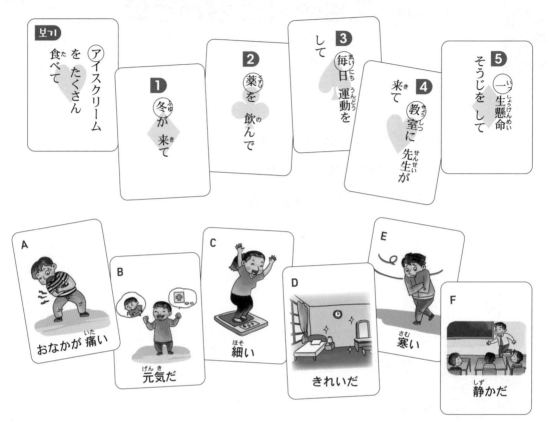

보기 アイスクリームを たくさん 食べて

1 冬が 来て

2 薬を 飲んで

3 毎日 運動を して

4 教室に 先生が 来て

5 一生懸命 そうじを して

보기 (A) アイスクリームを たくさん 食べて、おなかが 痛く なりました。

1 (　) 冬が 来て、＿＿＿＿＿＿＿＿＿＿。

2 (　) 薬を 飲んで、＿＿＿＿＿＿＿＿＿＿。

3 (　) 毎日 運動を して、＿＿＿＿＿＿＿＿＿＿。

4 (　) 教室に 先生が 来て、＿＿＿＿＿＿＿＿＿＿。

5 (　) 一生懸命 そうじを して、＿＿＿＿＿＿＿＿＿＿。

단어
痛い 아프다

2 일본어를 공부해서 자신이 할 수 있게 된 것을 이야기해 봅시다.

MP3 30

○ できる　△ 少(すこ)し　× できない

보기

ひらがなを 読(よ)む

(○)

1

漢字(かんじ)を 書(か)く

(　　)

2

日本語(にほんご)で あいさつを する

(　　)

3

日本人(にほんじん)と 会話(かいわ)を する

(　　)

4

日本(にほん)の 本(ほん)を 読(よ)む

(　　)

5

日本(にほん)の ドラマを 理解(りかい)する

(　　)

보기

A Bさんは ひらがなが 読(よ)めますか。

B はい。(少(すこ)し) 読(よ)めるように なりました。

いいえ。まだ 読(よ)めません。

단어

ひらがな 히라가나 | あいさつ 인사 | 会話(かいわ) 대화 | 理解(りかい)する 이해하다 | 一日(いちにち) 하루 | メートル 미터 | 何秒(なんびょう) 몇 초

はなしてみよう 말해 봅시다

1 자신에 대해서 이야기해 봅시다.

1. どんな 料理(りょうり)が 作(つく)れますか。 → ＿＿＿＿＿＿＿＿＿＿。
2. 一日(いちにち)に 何時間(なんじかん)ぐらい 寝(ね)られますか。 → ＿＿＿＿＿＿＿＿＿＿。
3. 100(ひゃく)メートルを 何秒(なんびょう)で 走(はし)れますか。 → ＿＿＿＿＿＿＿＿＿＿。
4. どのぐらい お酒(さけ)が 飲(の)めますか。 → ＿＿＿＿＿＿＿＿＿＿。
5. 一人(ひとり)で 旅行(りょこう)が できますか。 → ＿＿＿＿＿＿＿＿＿＿。
6. 一人(ひとり)で ホラー映画(えいが)が 見(み)られますか。 → ＿＿＿＿＿＿＿＿＿＿。

2 자랑할 수 있는 것에 대해 쓰고 이야기해 봅시다.

보기 私(わたし)は 5カ国語(こくご)が 話(はな)せます。

＿＿＿＿＿＿＿＿＿＿＿＿＿＿＿＿＿＿＿＿

＿＿＿＿＿＿＿＿＿＿＿＿＿＿＿＿＿＿＿＿

＿＿＿＿＿＿＿＿＿＿＿＿＿＿＿＿＿＿＿＿

＿＿＿＿＿＿＿＿＿＿＿＿＿＿＿＿＿＿＿＿

単語チェック
단어체크

알고 있는 단어들을 네모 안에 체크해 봅시다.

1류동사
- □ うごく(動く)
- □ うつす(写す)
- □ ききとる(聞き取る)
- □ たのむ(頼む)
- □ とおる(通る)
- □ よぶ(呼ぶ)

2류동사
- □ かえる(変える)
- □ かぞえる(数える)
- □ そだてる(育てる)
- □ はじめる(始める)

3류동사
- □ しょうたいする(招待する)
- □ せいかつする(生活する)
- □ せつめいする(説明する)
- □ たいいんする(退院する)
- □ はつおんする(発音する)
- □ りかいする(理解する)

い형용사
- □ いたい(痛い)
- □ からい(辛い)
- □ きたない(汚い)
- □ つよい(強い)
- □ ねむい(眠い)
- □ ひどい
- □ やさしい(優しい)

な형용사
- □ いやだ(嫌だ)
- □ だめだ

부사
- □ このごろ(この頃)
- □ だいぶ

때를 나타내는 단어
- □ いちにち(一日)

음식
- □ おべんとう(お弁当)
- □ こうちゃ(紅茶)

기타
- □ あいさつ
- □ おとな(大人)
- □ おもいで(思い出)
- □ かいわ(会話)
- □ チーム
- □ てんき(天気)
- □ ドイツご(ドイツ語)
- □ とかい(都会)
- □ ニュース
- □ ひらがな
- □ ぶっか(物価)
- □ メートル
- □ やたい(屋台)
- □ ゆかた(浴衣)
- □ そぼ(祖母)

Lesson

08

友達(ともだち)に ハンカチを あげました

이 과에서는 あげる, もらう, くれる 등의 수수표현에 대해 학습한다.

ここが ポイント

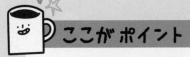

1. 수수표현 I 「あげる」
2. 수수표현 II 「もらう」
3. 수수표현 III 「くれる」
4. 수수표현의 응용 I 「～て あげる」
5. 수수표현의 응용 II 「～て もらう」
6. 수수표현의 응용 III 「～て くれる」

はじめよう 시작해봅시다

❶ 단어와 해당 그림을 선으로 연결하시오.

• ハンカチを　あげる

• おみやげを　もらう

• 漫画(まんが)を　くれる

* ➡ : ～が(は)

❷ 다음의 표현을 잘 들어보세요.　MP3 31

- 私(わたし)は　友達(ともだち)に　ハンカチを　あげました。
  나는 친구에게 손수건을 주었습니다.
- 私(わたし)は　姉(あね)に　おみやげを　もらいました。
  나는 누나에게 선물을 받았습니다.
- 田中(たなか)さんは　私(わたし)に　日本(にほん)の　漫画(まんが)を　くれました。
  다나카 씨는 나에게 일본 만화를 주었습니다.
- 私(わたし)は　毎日(まいにち)、子供(こども)に　本(ほん)を　読(よ)んで　あげます。
  나는 매일 아이에게 책을 읽어 줍니다.

よんでみよう 읽어 봅시다

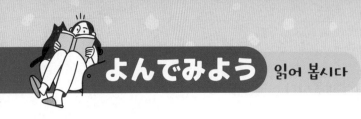

1 유리의 생일이라 백화점에서 목걸이를 보고 있다. MP3 32

TIP プレゼント와 おみやげ

「プレゼント」와 「おみやげ」는 둘 다 한국어로는 '선물'로 해석된다. 그렇다면 이 두 단어의 차이는 무엇일까? 먼저 「プレゼント」는 생일이나 기념일에 주고받는 선물을 주로 가리키지만, 특별한 기념일이 아니어도 소소하게 주고받는 선물도 해당된다. 하지만 「おみやげ」는 여행을 다녀온 후 잘 다녀왔다는 의미로 가족이나 주변 사람들에게 주는 선물로, 보통 여행한 현지 관련 상품을 가리킨다.

ダイアローグ1 회화1

金(キム)　これ、どう 思(おも)いますか。

山下(やました)　かわいいですね。誰(だれ)に あげますか。

金(キム)　ゆりさんの 誕生日(たんじょうび)に。来週(らいしゅう)、日本(にほん)に 帰(かえ)って 来(き)ますよ～。
これ、プレゼント用(よう)に して ください。

店員(てんいん)　はい。かしこまりました。

山下(やました)　金(キム)さんの 誕生日(たんじょうび)にも ゆりさんから プレゼントを
もらいましたか。

金(キム)　はい。Tシャツを もらいました。

山下(やました)　そうですか…。金(キム)さん、ぼくの 誕生日(たんじょうび)も もちろん、
プレゼントを くれますよね？

金(キム)　もちろん、あげません！

단어

どう 어떻게

思(おも)う 생각하다

～用(よう) ～용

かしこまりました 알겠습니다(점원이 쓰는 말)

2 학기가 시작되어 오랜만에 학교에서 김지후와 야마시타가 만나고 있다. MP3 33

TIP 내가 살게!

식사 때 친구 몫까지 본인이 지불하는 것을 「おごる」라고 하며(예. 「今日は 私が おごるね！」), 「おごる」보다 정중한 표현은 「ごちそうする」(예. 「今日は 私が ごちそうしますよ°」)이다. 반대로 대접을 받은 사람은 「○○さんに おごって もらった」라고 하거나 「○○さんに 食事を ごちそうになった」라는 표현을 사용하여 감사의 마음을 표한다.

ダイアローグ2 회화2

山下(やました) 金(キム)さん、久(ひさ)しぶりですね。そういえば、ゆりさんには会(あ)いましたか。

金(キム) はい。プレゼント、あげましたよ～。とても 喜(よろこ)んでくれました。

山下(やました) よかったですね。

金(キム) あの ネックレス すごく 似合(にあ)って いました。
山下(やました)さんにも 見(み)せて あげたかったです。

山下(やました) はは…。

金(キム) それで、ゆりさんが お礼(れい)に 食事(しょくじ)を ごちそうして くれました。

山下(やました) え、ゆりさんに 食事(しょくじ)を ごちそうして もらいましたか。

金(キム) はい。今度(こんど)、山下(やました)さんにも 紹介(しょうかい)しますね。

단어

久(ひさ)しぶり 오래간만

そういえば 그러고보니

喜(よろこ)ぶ 기뻐하다, 좋아하다

似合(にあ)う 어울리다

それで 그래서

今度(こんど) 이번, 다음번

紹介(しょうかい)する 소개하다

文法チェック 문법 체크

1 수수표현 I あげる

Aは Bに ～を あげます　A는 B(다른 사람)에게 ～을/를 줍니다

예문
私(わたし)は 子供(こども)に この 本(ほん)を あげます。
私(わたし)は 友達(ともだち)に ハンカチを あげました。
金(キム)さんは 田中(たなか)さんに サンダルを あげました。

연습문제

보기 朴(パク)さん・茶色(ちゃいろ)い 帽子(ぼうし)
→ 私(わたし)は 朴(パク)さんに 茶色(ちゃいろ)い 帽子(ぼうし)を あげました。

1 彼女(かのじょ)・指輪(ゆびわ)
→ ________________________________

2 山田(やまだ)さん・かわいい 靴下(くつした)
→ ________________________________

단어
ハンカチ 손수건 | サンダル 샌들 | かわいい 귀엽다 | 靴下(くつした) 양말

2 수수표현 II もらう

Aは Bに(から) ～を もらいます A는 B(다른 사람)에게 ～을/를 받습니다

예문

私(わたし)は 姉(あね)に 靴(くつ)を もらいました。

私(わたし)は 山田(やまだ)さんに お礼(れい)の 手紙(てがみ)を もらいました。

子供(こども)は 学校(がっこう)から 賞状(しょうじょう)を もらいました。

연습문제

보기 おば・お見舞(みま)いの 果物(くだもの)

→ 私(わたし)は おばに お見舞(みま)いの 果物(くだもの)を もらいました。

1 受付(うけつけ)の 人(ひと)・案内書(あんないしょ)

→ ____________________

2 李(イ)さん・珍(めずら)しい お酒(さけ)

→ ____________________

단어

お礼(れい) 사례, 감사 | 賞状(しょうじょう) 상장 | お見舞(みま)い 병문안 | 受付(うけつけ) 접수 | 珍(めずら)しい 희귀하다

3 수수표현 Ⅲ くれる

Aは Bに ～を くれます　A는 B(나 또는 *우리)에게 ～을/를 줍니다

* 우리 = 내가 속한 그룹이나 가족

예문

姉(あね)は 私(わたし)に 靴(くつ)を くれました。

田中(たなか)さんは 私(わたし)に 日本(にほん)の 漫画(まんが)を くれました。

朴(パク)さんは 妹(いもうと)に 韓国(かんこく)の人形(にんぎょう)を くれました。

연습문제

보기 木村(きむら)さん・外国製(がいこくせい)の 花瓶(かびん)

→ 木村(きむら)さんは 私(わたし)に 外国製(がいこくせい)の 花瓶(かびん)を くれました。

1 両親(りょうしん)・卒業(そつぎょう)の お祝(いわ)い

→ ______________________________

2 山田(やまだ)さん・来年(らいねん)の カレンダー

→ ______________________________

단어

漫画(まんが) 만화 | 人形(にんぎょう) 인형 | ～製(せい) ～제 | 花瓶(かびん) 꽃병 | 卒業(そつぎょう) 졸업 | カレンダー 달력 | お祝(いわ)い 축하, 축하선물

4 수수표현의 응용 I ～て あげる

Aは Bに ～て あげます　A는 B(다른 사람)에게 ～해 줍니다

예문

私(わたし)は 毎日(まいにち)、子供(こども)に 本(ほん)を 読(よ)んで あげます。

弟(おとうと)は 友達(ともだち)に 上着(うわぎ)を 貸(か)して あげました。

田中(たなか)さんは おばあさんの 荷物(にもつ)を 持(も)って あげました。

연습문제

보기 彼(かれ)・セーターを 編(あ)む

→ 私(わたし)は 彼(かれ)に セーターを 編(あ)んで あげました。

1 赤(あか)ちゃん・歌(うた)を 歌(うた)う

→ ＿＿＿＿＿＿＿＿＿＿＿＿＿＿＿＿

2 おじいさん・道(みち)を 教(おし)える

→ ＿＿＿＿＿＿＿＿＿＿＿＿＿＿＿＿

단어

上着(うわぎ) 상의 | おばあさん 할머니 | セーター 스웨터 | 編(あ)む 짜다 | 赤(あか)ちゃん 아기 | おじいさん 할아버지

5 수수표현의 응용 II ～て もらう

Aは Bに ～て もらいます B는 A에게 ～해 줍니다

예문

私は 金さんに パソコンを 直して もらいました。

私は 夫に 会場まで 送って もらいました。

金さんは 受付の 人に 電話番号を 教えて もらいました。

연습문제

보기 先輩・アルバイトを 見つける

→ 私は 先輩に アルバイトを 見つけて もらいました。

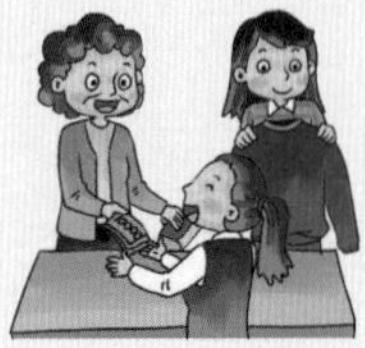

1 母・新しい 洋服を 買う

→ ______________________________

2 李さん・荷物を 届ける

→ ______________________________

단어

夫 남편 | 会場 회장(모임 장소) | 番号 번호 | 見つける 발견하다, 찾다 | 洋服 양복, 옷 | 届ける 전하다, 보내다

6 수수표현의 응용 Ⅲ ～て くれる

Aは Bに ～を ～て くれます　A는 B(나 또는 우리)에게 ～을/를 해 줍니다

Aが ～て くれます　A가 (나에게) ~해 줍니다

예문

社長は 私に 夕食を ごちそうして くれました。

木村さんは 私の パソコンを 直して くれました。

友達が 数学を 教えて くれました。

연습문제

보기 田舎の 祖母・米を 送る

→ 田舎の 祖母は 私に 米を 送って くれました。

1 友達・数学を 教える

→ ______________________________

2 祖父・新しい 自転車を 買う

→ ______________________________

단어

社長 사장(님) | ごちそうする 한턱내다, 음식을 대접하다 | 米 쌀 | 数学 수학 | 妻 아내 | 夕飯 저녁밥

祖父 조부, 할아버지

やってみよう 감사장 / 선물 주고받은것

1 감사장을 써 봅시다.

感謝状(かんしゃじょう)

＿＿＿＿＿＿＿＿さま

＿＿＿＿＿＿＿＿＿＿＿＿＿＿て　くれて　ありがとう。

これからも　よろしく　おねがいします。

＿＿＿＿＿＿＿＿＿より

2 그림을 보고 빈칸에 알맞은 표현을 써 봅시다.

1

金(キム)さん、
かわいい　帽子(ぼうし)ですね。

はい、母(はは)に　買(か)って
＿＿＿＿＿＿＿＿＿＿。

2

山田(やまだ)さん、いい
パソコンですね。

はい、祖父(そふ)が　買(か)って
＿＿＿＿＿＿＿＿＿＿。

단어

感謝状(かんしゃじょう) 감사장 | これからも 앞으로도

3 두 사람이 짝이 되어 메모를 보면서 보기와 같이 이야기해 봅시다.

보기 1

あげたもの

- いつ？（両親(りょうしん)の 結婚記念日(けっこんきねんび)）
- 誰(だれ)に？（父(ちち)と 母(はは)）
- 何(なに)を？（時計(とけい)）

보기 2

もらったもの

- いつ？（大学入学(だいがくにゅうがく)の お祝(いわ)い）
- 誰(だれ)に？（姉(あね)）
- 何(なに)を？（携帯電話(けいたいでんわ)）

1

あげたもの

- いつ？（　　　　　　　　）
- 誰(だれ)に？（　　　　　　　　）
- 何(なに)を？（　　　　　　　　）

2

もらったもの

- いつ？（　　　　　　　　）
- 誰(だれ)に？（　　　　　　　　）
- 何(なに)を？（　　　　　　　　）

보기 私(わたし)は 両親(りょうしん)の 結婚記念日(けっこんきねんび)に 父(ちち)と 母(はは)に 時計(とけい)を あげました。

1 → ______________________________

2 → ______________________________

단어

記念日(きねんび) 기념일 | 入学(にゅうがく) 입학

はなしてみよう 말해 봅시다

두 사람이 짝이 되어 a,b를 선택한 후 그 이유에 대해 이야기해 봅시다.

1 料理(りょうり)は・・・

a 作(つく)って あげたい

b 作(つく)って もらいたい

理由 ____________________

2 プレゼントは・・・

a 事前(じぜん)に ほしい物(もの)を 聞(き)いて もらいたい

b 自分(じぶん)に 内緒(ないしょ)で 準備(じゅんび)して もらいたい

理由 ____________________

3 落(お)ち込(こ)んで いる ときは・・・

a 話(はな)しかけて もらいたい

b 放(ほ)って おいて もらいたい

理由 ____________________

단어

事前(じぜん) 사전 | ほしい物(もの) 갖고 싶은 물건 | 内緒(ないしょ) 비밀 | 準備(じゅんび) 준비 | 落(お)ち込(こ)む 풀이 죽다, 침울하다 | 話(はな)しかける 말 걸다
放(ほ)る 내버려두다

単語チェック
단어체크

알고 있는 단어들을 네모 안에 체크해 봅시다.

1류동사

- □ あむ(編む)
- □ おもう(思う)
- □ にあう(似合う)
- □ よろこぶ(喜ぶ)

2류동사

- □ とどける(届ける)
- □ みつける(見つける)

3류동사

- □ ごちそうする
- □ しょうかいする(紹介する)

い형용사

- □ かわいい
- □ めずらしい(珍しい)

사람

- □ あかちゃん(赤ちゃん)
- □ おじいさん
- □ おっと(夫)
- □ おばあさん
- □ しゃちょう(社長)
- □ そふ(祖父)
- □ つま(妻)

선물

- □ おいわい(お祝い)
- □ おみまい(お見舞い)
- □ おれい(お礼)

의류

- □ うわぎ(上着)
- □ くつした(靴下)
- □ セーター
- □ ようふく(洋服)

기타

- □ うけつけ(受付)
- □ かいじょう(会場)
- □ かびん(花瓶)
- □ カレンダー
- □ かんしゃじょう(感謝状)
- □ きねんび(記念日)
- □ きんじょ(近所)
- □ こめ(米)
- □ こんど(今度)
- □ すうがく(数学)
- □ そつぎょう(卒業)
- □ にゅうがく(入学)
- □ にんぎょう(人形)
- □ ハンカチ
- □ ばんごう(番号)
- □ ひさしぶり(久しぶり)
- □ まんが(漫画)
- □ れきし(歴史)
- □ ゆうはん(夕飯)
- □ サンダル

Lesson

09

電車を 降りた とき、忘れ物に 気が つきました

이 과에서는 일본어의 복문표현과 정도표현에 대해 학습한다.

ここが ポイント

1 복문표현 I 「부대상황」

2 복문표현 II 「목적・의도」

3 복문표현 III 「객관적인 이유・원인」

4 복문표현 IV 「역접」

5 정도표현 I 「보조동사 すぎる」

6 정도표현 II 「보조형용사 やすい와 にくい」

はじめよう 시작해봅시다

❶ 단어와 해당 그림을 선으로 연결하시오.

- 気が つく
- 道で 転ぶ
- ボタンを 押す

❷ 다음의 표현을 잘 들어보세요. MP3 34

- 電車を 降りた とき、忘れ物に 気が つきました。
  전철을 내렸을 때 놓고 내린 물건이 생각났습니다.
- 急いだので、道で 転んで しまいました。
  서둘렀기 때문에 길에서 넘어져 버렸습니다.
- ボタンを 押したのに、切符が 出て きませんでした。
  버튼을 눌렀는데, 표가 나오지 않았습니다.
- 昨日、コーヒーを 飲みすぎました。
  어제 커피를 너무 많이 마셨습니다.

よんでみよう 읽어 봅시다

1 음악 동아리가 학교 축제에서 어묵을 팔고 있다. MP3 35

おでん
① いらっしゃーい。おいしい おでんですよ!!
② 一生懸命(いっしょうけんめい) 作(つく)ったのに、売(う)れませんね…。
③ おいしいのに…。
④ 大(おお)きさも ちょうど 食(た)べやすいのに…。
⑤ そうだ！ いい 事(こと)を 考(かんが)えました。
⑥ 山下(やました)さん、ギターを 持(も)って きて ください。
⑦ 熱(あつ)いので、気(き)を つけて くださいね。
ありがとう ございました〜。
3시간 후
딩가~
와~아!
⑧ 大成功(だいせいこう)ですね!!
짝!
텅~

TIP おでん과 어묵

일본의 「おでん」과 한국의 어묵은 으깬 생선살에 밀가루를 더해 튀긴다는 점에서는 동일하나 차이도 있다. 일본의 「おでん」은 완성된 어묵에 달걀, 무, 곤약, 유부주머니 등을 넣어 함께 끓인 탕을 말하지만, 한국의 어묵은 다양한 채소나 치즈를 추가로 넣어 변화를 준 어묵 그 자체 하나하나를 가리킨다.

ダイアローグ1 회화1

金・山下	いらっしゃーい。おいしい おでんですよ!!
金	一生懸命 作ったのに、売れませんね…。
山下	おいしいのに…。
金	大きさも ちょうど 食べやすいのに…。 そうだ! いい 事を 考えました。 山下さん、ギターを 持って きて ください。

3時間後

部員1	熱いので、気を つけて くださいね。ありがとうございました～。
金・山下	大成功ですね!!

단어

いらっしゃい 어서 오세요

おでん 어묵

売れる 팔리다

大きさ 크기

ちょうど 딱, 꼭

事 일, 것

熱い 뜨겁다

2 학교 축제가 끝나고 김지후와 린이 이야기를 나누고 있다.

MP3 36

TIP 멋있다 かっこいい

「かっこいい」는 태도나 행동이 산뜻하거나 차림새가 세련되어 호감가는 인상을 받았을 때 사용하는 표현이다. 주로 사람을 대상으로 사용하지만 자동차나 음악 등에 대해서도 사용할 수 있다. 「かっこいい」의 원형은 「かっこういい(格好いい)」이지만, 실생활에서는 「かっこいい」가 주로 사용된다.

ダイアローグ2 회화2

リン 金(キム)さーん。

金(キム) あ、リンさん。

リン おでん、たくさん 売(う)れて よかったですね。

金(キム) はい。空(から)っぽに なった おでんを 見(み)た ときは
うれしかったです。
おいしい おでんを 作(つく)る ために、毎日(まいにち) 研究(けんきゅう)しました
からね～。
おかげで、こんなに 売(う)り上(あ)げが！

リン よかったですね。

金(キム) はい。でも ギターを 弾(ひ)きすぎて、指(ゆび)が 痛(いた)く なって
しまいました。

リン …かっこよかったですよ。ギター。

金(キム) え？ あ、かっこよかったですか～？ あはは。

リン ギターを 弾(ひ)いて いる ときだけです！！

단어

空(から)っぽ 속이 빔, 텅 빔

うれしい 기쁘다

売(う)り上(あ)げ 매상

文法チェック 문법 체크

1 복문표현 | 부대상황

- 동사·い형용사
- な형용사 + な
- 명사 + の

+ とき(に) ~때(에)

예문

電車を 降りた とき、忘れ物に 気が つきました。

道が 複雑な とき、地図を 見ます。

病気の とき、会社を 休みます。

연습문제

보기 私が 訪ねる・その 人は いない

→ 私が 訪ねた とき、その 人は いませんでした。

1. 駅に 着く・人が 多くて・びっくり する

→ ______________________________

2. みんなの 前で 歌う・とても 緊張する

→ ______________________________

단어

気が つく 알아차리다 | 複雑だ 복잡하다 | 地図 지도 | 訪ねる 방문하다 | びっくり する 깜짝 놀라다
緊張する 긴장하다

2 복문표현 II **목적·의도**

- 동사 기본형 + ために ~하기 위해서
- 명사 + の + ために ~을 위해서

예문 大学に 入る ために、一生懸命 勉強します。

翻訳の 仕事を する ために、この 会社に 決めました。

健康の ために、毎日 野菜ジュースを 飲んで います。

연습문제

보기 静かに 暮らします・田舎に 引っ越す

→ 静かに 暮らす ために 田舎に 引っ越します。

1 天気予報を 見ます・テレビを つける

→ ________________________________

2 インターネットを します・パソコンを 買う

→ ________________________________

단어

翻訳 번역 | 田舎 시골 | 引っ越す 이사하다 | 天気予報 일기예보 | インターネット 인터넷

3 복문표현 Ⅲ 객관적인 이유·원인

- 동사·い형용사
- 명사·な형용사 + な

] + ので　~이라서, ~이기 때문에

예문

雨(あめ)が 降(ふ)って いるので、試合(しあい)は 中止(ちゅうし)です。

田舎(いなか)なので、物価(ぶっか)が 安(やす)いです。

暇(ひま)なので、友達(ともだち)に 電話(でんわ)を かけました。

연습문제

보기 タクシーで 行(い)く・講義(こうぎ)に 間(ま)に 合(あ)う

→ タクシーで 行(い)ったので、講義(こうぎ)に 間(ま)に 合(あ)いました。

1 急(いそ)ぐ・道(みち)で 転(ころ)んで しまう

→ ______________________________

2 子供(こども)が 熱(ねつ)を 出(だ)す・病院(びょういん)に 連(つ)れて 行(い)く

→ ______________________________

단어

中止(ちゅうし) 중지 | 講義(こうぎ) 강의 | 間(ま)に 合(あ)う 시간에 대다 | 転(ころ)ぶ 넘어지다 | 熱(ねつ) 열

4 복문표현 IV 역접

- 동사·い형용사 ┐
- 명사·な형용사 + な ┘ + のに ~는데, ~인데

예문

勉強したのに、合格できませんでした。

具合が 悪いのに、薬を 飲みませんでした。

日曜日なのに、働かなくては いけません。

연습문제

보기 かぎを かける・泥棒が 入る

→ かぎを かけたのに、泥棒が 入りました。

1 メールを もらう・返事を 出さない

→ ______________________________

2 ボタンを 押す・切符が 出て こない

→ ______________________________

단어

合格 합격 | 具合が 悪い 몸상태가 좋지 않다 | 泥棒 도둑 | 返事 답장 | ボタン 버튼 | 押す 누르다

5 정도표현 I 보조동사 すぎる

・동사의 ます형
・い・な형용사의 어간
＋ すぎる 지나치게(너무) ~하다

예문 昨日、コーヒーを 飲みすぎました。
この マンションは 家賃が 高すぎます。
この 服は 派手すぎて、外に 着て 行けません。

연습문제

보기 砂糖を 入れる・紅茶が 甘く なる
→ 砂糖を 入れすぎて、紅茶が 甘く なりました。

1 アクセサリーを 買う・お金が なくなる
→ ____________________

2 冷たい 物を 食べる・おなかが 痛く なる
→ ____________________

단어
家賃 집세 | 派手だ 화려하다 | 甘い 달다 | アクセサリー 액세서리 | なくなる 없어지다

6 정도표현 II 보조형용사 やすい와 にくい

동사의 ます형 + やすい ~하기 쉽다 / にくい ~하기 어렵다

예문

壊(こわ)れやすいから、気(き)を つけて ください。

雪(ゆき)が 降(ふ)って、道(みち)が すべりやすいです。

天気(てんき)が 悪(わる)いので、洗濯物(せんたくもの)が 乾(かわ)きにくいです。

연습문제

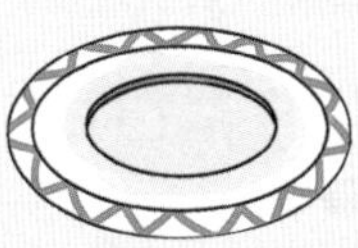

보기 この お皿(さら)・割(わ)れる

→ この お皿(さら)は 割(わ)れやすいです。

→ この お皿(さら)は 割(わ)れにくいです。

1 この 町(まち)・住(す)む

→ ______________________

→ ______________________

2 この はさみ・使(つか)う

→ ______________________

→ ______________________

단어

壊(こわ)れる 부서지다 | 乾(かわ)く 마르다 | お皿(さら) 접시 | 住(す)む 살다 | はさみ 가위

やってみよう 역접과 이유 선택하기

두 그림이 바르게 연결되도록 적절한 말을 선택한 후 문장으로 만들어 봅시다.

보기

のに (　　)
ので (○)

一生懸命(いっしょうけんめい) 勉強(べんきょう)する　　　テストで 100点(ひゃくてん)を 取(と)る

→ 一生懸命(いっしょうけんめい) 勉強(べんきょう)したので、テストで 100点(ひゃくてん)を 取(と)りました。

1

のに (　　)
ので (　　)

春(はる)に なる　　　雪(ゆき)が 降(ふ)る

→ ______________________________。

2

のに (　　)
ので (　　)

昨日(きのう) 寝(ね)ない　　　眠(ねむ)い

→ ______________________________。

3

のに (　　)
ので (　　)

買(か)い物(もの)を たくさんする　　　　お金(かね)が ない

→ ____。

4

のに (　　)
ので (　　)

急(いそ)いで 行(い)く　　　　遅刻(ちこく)する

→ ____。

단어

春(はる) 봄

はなしてみよう 말해 봅시다

1 자신에 대해서 이야기한 후 주위 사람에게 질문해 봅시다.

1

疲(つか)れた とき、
どうしますか。

2

お金(かね)が あまり ない
とき、何(なに)を 食(た)べますか。

3

買(か)い物(もの)を する とき、
どこに 行(い)きますか。

4

病気(びょうき)の とき、だれが
看病(かんびょう)して くれますか。

5

友達(ともだち)と けんかを した
とき、どうしますか。

2 보기와 같이 빈칸에 적절한 동사를 넣고, 두 사람이 짝이 되어 대화를 해 봅시다.

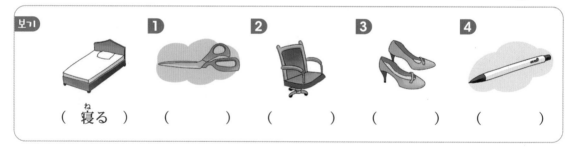

MP3 37

보기

(寝(ね)る)

1

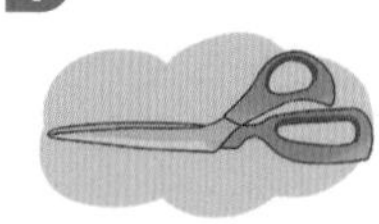

(　　　)

2

(　　　)

3

(　　　)

4

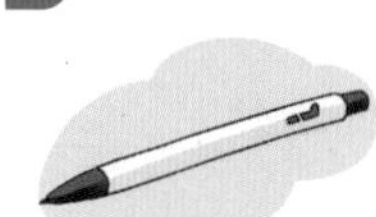

(　　　)

보기

A Bさん、私(わたし)、新(あたら)しい ベッドを 買(か)いました。
古(ふる)い ベッドが ちょっと 寝(ね)にくいので。

B そうですか。新(あたら)しい ベッドは 寝(ね)やすいですか。

A はい。とても 寝(ね)やすいですよ。気(き)に 入(い)って います。

B それは よかったですね。

단어

病気(びょうき) 병 | 看病(かんびょう)する 간병하다 | けんか 싸움 | 気(き)に 入(い)る 마음에 들다

単語チェック
단어체크

알고 있는 단어들을 네모 안에 체크해 봅시다.

1류동사
- □ おす(押す)
- □ かわく(乾く)
- □ ころぶ(転ぶ)
- □ すむ(住む)
- □ なくなる
- □ ひっこす(引っ越す)

2류동사
- □ うれる(売れる)
- □ こわれる(壊れる)
- □ たずねる(訪ねる)

3류동사
- □ かんびょうする(看病する)
- □ きんちょうする(緊張する)
- □ びっくりする

い형용사
- □ あつい(熱い)
- □ あまい(甘い)
- □ うれしい

な형용사
- □ はでだ(派手だ)
- □ ふくざつだ(複雑だ)

사물
- □ アクセサリー
- □ おさら(お皿)
- □ ちず(地図)
- □ はさみ
- □ ボタン

사람
- □ どろぼう(泥棒)

기타
- □ いなか(田舎)
- □ インターネット
- □ うりあげ(売り上げ)
- □ おおきさ(大きさ)
- □ おでん
- □ からっぽ(空っぽ)
- □ けんか
- □ ごうかく(合格)
- □ こうぎ(講義)
- □ ちゅうし(中止)
- □ てんきよほう(天気予報)
- □ ねつ(熱)
- □ はる(春)
- □ びょうき(病気)
- □ へんじ(返事)
- □ ほんやく(翻訳)
- □ やちん(家賃)

숙어 표현
- □ きが　つく(気が つく)
- □ きに　いる(気に 入る)
- □ ぐあいが　わるい(具合が 悪い)
- □ まに　あう(間に 合う)

Lesson

10

おもしろい 映画(えいが)だと 思(おも)います

이 과에서는 보통체와 그 다양한 쓰임에 대해 학습한다.

ここが ポイント

1. 보통체
2. 보통체의 쓰임 I 「전언」
3. 보통체의 쓰임 II 「화자의 의견·생각」
4. 환언표현
5. 선택표현
6. 종속의문문(문장 안에 포함된 의문문)

はじめよう 시작해봅시다

❶ 단어와 해당 그림을 선으로 연결하시오.

- 犯人(はんにん)を 捕(つか)まえる
- 贈(おく)り物(もの)を 受(う)け取(と)る
- 店(みせ)が 閉(し)まる

❷ 다음의 표현을 잘 들어보세요. MP3 38

- 警官(けいかん)が 犯人(はんにん)を 捕(つか)まえたと 言(い)いました。
  경찰이 범인을 잡았다고 말했습니다.
- おもしろい 映画(えいが)だと 思(おも)います。
  재미있는 영화라고 생각합니다.
- 贈(おく)り物(もの)を 受(う)け取(と)って くれたか どうか 心配(しんぱい)です。
  선물을 받았을지 어땠을지 걱정입니다.
- 何時(なんじ)に 店(みせ)が 閉(し)まるか 分(わ)かりません。
  몇 시에 가게를 닫는지 모릅니다.

よんでみよう 읽어 봅시다

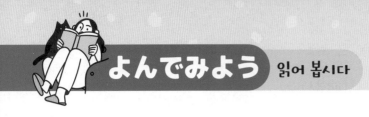

1 섣달 그믐날 모두 모여 도시코시 소바를 먹고 있다.

MP3 39

① あ、おそばですね。さっき ご飯(はん)を 食(た)べたのに、また 食(た)べますか。
② これは 年越(としこ)しそばと いいます。
そばの ように 細(ほそ)く 長(なが)く 生(い)きられるように、と いう 意味(いみ)ですよ。
③ それから、そばが 切(き)れやすいので 悪(わる)い 病気(びょうき)などを「切(き)る」と いう 意味(いみ)も ありますよ。
④ へえ…。知(し)らなかった。
⑤ いただきま～す。
⑥ 来年(らいねん)も いい 年(とし)に したいですね。

TIP 고타쓰(こたつ)

「こたつ」란, 테이블 뒷면에 전기 히터가 내장된 좌식탁자를 말하는데 탁자 밑에 다리를 넣어 사용하며, 겨울이 지나면 일반 테이블로도 사용이 가능하다. 최근에는 난방기구의 다양화와 주택환경의 변화로 인해 「こたつ」를 사용하지 않는 가정도 증가 추세이나, 여전히 일본의 대표적인 난방기구로 사랑받고 있다.

ダイアローグ 1 회화 1

金　あ、おそばですね。さっき ご飯を 食べたのに、また 食べますか。

母　これは 年越しそばと いいます。
そばの ように 細く 長く 生きられるように、と いう 意味ですよ。

父　それから、そばが 切れやすいので 悪い 病気などを 「切る」と いう 意味も ありますよ。

ひろと　へえ…。知らなかった。

全員　いただきま～す。

金　来年も いい 年に したいですね。

단어

年越しそば 섣달 그믐에 먹는 메밀국수

切れる 끊어지다

など 등

へえ 아아(의외의 상황에 대한 감탄)

2 거실에 가족이 모여 신년 인사를 나누고 있다.

MP3 40

① 新年、明けまして おめでとうございます。今年も よろしく おねがいしま～す。
② お年玉は～？
③ はい、これが ひろと、これは 金さんに。
④ え、私にも？ ありがとう ございます。
⑤ 金さんは、冬休みに 韓国に 帰りますか。
⑥ まだ、帰るか どうか 分かりません。
⑦ でも、たぶん、日本で アルバイトを すると 思います。
시무룩…
⑧ 両親には、たぶん 帰れないと 言いました。
⑨ あ、金さんにも 年賀状が 来てますよ。はい。
⑩ え？ 私に？
HAPPY NEW YEAR
20xx
今年も よろしく!!
山下

TIP 새해에는

새해를 맞아 한 해 동안의 건강과 행복을 기원하기 위해 절이나 신사를 참배하는 것을 「はつもうで(初詣)」라고 한다. 연말에 미리 준비한 명절음식인 「おせちりょうり(お節料理)」를 정월 연휴 동안 먹는다. 한국의 떡국에 해당하는 「おぞうに(お雑煮)」는 동일본과 서일본 등 지역에 따라 떡의 모양과 양념에 조금 차이가 있다. 새해 인사로는 「あけましておめでとうございます」라는 관용 표현을 쓴다.

ダイアローグ2 회화2

全員 新年、明けまして おめでとうございます。
今年も よろしく おねがいしま～す。

ひろと お年玉は～？

父 はい、これが ひろと、これは 金さんに。

金 え、私にも？ ありがとうございます。

父 金さんは、冬休みに 韓国に 帰りますか。

金 まだ、帰るか どうか 分かりません。でも、たぶん、
日本で アルバイトを すると 思います。
両親には、たぶん 帰れないと 言いました。

母 あ、金さんにも 年賀状が 来てますよ。はい。

金 え？ 私に？

HAPPY NEW YEAR 20XX 今年も よろしく !! 山下

단어

お年玉 새뱃돈

たぶん 아마

年賀状 연하장

文法チェック 문법 체크

1 보통체

품사	기본형	정중체	보통체			
			현재	부정	과거	과거부정
명사	学生(がくせい)だ (명사문)	学生(がくせい)です	学生(がくせい)だ	学生(がくせい)では ない	学生(がくせい)だった	学生(がくせい)では なかった
い형용사	赤(あか)い	赤(あか)いです	赤(あか)い	赤(あか)く ない	赤(あか)かった	赤(あか)く なかった
な형용사	きれいだ	きれいです	きれいだ	きれいでは ない	きれいだった	きれいではなかった
동사	行(い)く	行(い)きます	行(い)く	行(い)かない	行(い)った	行(い)かなかった

예문 彼(かれ)は あまり 熱心(ねっしん)では ない。

そこは 庭(にわ)だった。

私(わたし)は 学校(がっこう)に 行(い)かなかった。

연습문제

보기 留守(るす)だ

→ 留守(るす)ではない(부정) → 留守(るす)だった(과거) → 留守(るす)ではなかった(과거부정)

1 苦(にが)い

→ ______________________

2 並(なら)ぶ

→ ______________________

단어

熱心(ねっしん)だ 열심이다 | 庭(にわ) 정원 | 留守(るす) 부재중 | 苦(にが)い 쓰다 | 並(なら)ぶ 늘어서다

2 보통체의 쓰임 I **전언**

보통체 + と 言いました ~라고 말했습니다, ~라고 했습니다

예문

彼は 明日 来ないと 言いました。

友達は 辞書が 必要だと 言いました。

警官が 犯人を 捕まえたと 言いました。

연습문제

보기 明日 5時に 集まります

→ 明日 5時に 集まると 言いました。

1 おなかが すきました

→ ______________________________

2 一人でも 寂しく ありません

→ ______________________________

단어

必要だ 필요하다 | 警官 경찰관 | 犯人 범인 | 捕まえる 체포하다 | 集まる 모이다 | おなかが すく 배가 고프다 | 寂しい 쓸쓸하다, 외롭다

3 보통체의 쓰임 II 화자의 의견·생각

보통체 + と 思(おも)います ~라고 생각합니다

예문

おもしろい 映画(えいが)だと 思(おも)います。

その 本(ほん)は 役(やく)に 立(た)つと 思(おも)います。

山(やま)の 空気(くうき)は とても きれいだったと 思(おも)います。

연습문제

보기 この 国(くに)は 交通(こうつう)が 便利(べんり)です

→ この 国(くに)は 交通(こうつう)が 便利(べんり)だと 思(おも)います。

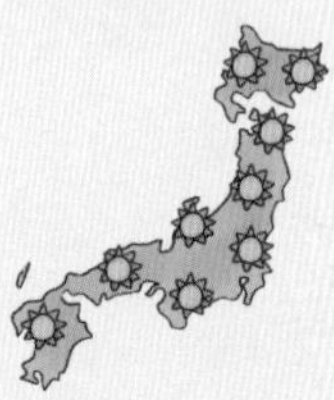

1 明日(あした)は 雨(あめ)が 降(ふ)りません

→ ______________________________

2 去年(きょねん) そこは 美術館(びじゅつかん)では ありませんでした

→ ______________________________

단어

役(やく)に 立(た)つ 도움이 되다 | 山(やま) 산 | 空気(くうき) 공기 | 国(くに) 나라 | 交通(こうつう) 교통 | 美術館(びじゅつかん) 미술관

4 환언표현

~と いいます ~라고 합니다 (단, ~と いう~ ~라고 하는 ~)

예문 これは 日本語で はさみと いいます。

「準備中」は、今 準備を して いると いう 意味です。

先生の お宅は 中野と いう 駅の 近くに あります。

연습문제

보기 使用中・今 使って います

→ 使用中は、今 使って いると いう 意味です。

1 本日休業・今日は 休みです

→ ______________________________

2 駐車禁止・ここに 車を 止めては いけません

→ ______________________________

うち 우리 | お宅 댁 | 使用中 사용 중 | 本日 금일 | 休業 휴업 | 駐車 주차 | 禁止 금지

5 선택표현

- 동사·い형용사의 보통체
- 명사·な형용사의 어간

+か どうか ~인지 아닌지

예문 おいしいか どうか 食べて みます。

その 生徒が まじめか どうか 聞いて みます。

彼女が この 大学を 受けたか どうか 分かりません。

연습문제

보기 建物が 安全です

→ 建物が 安全か どうか 心配です。

1 うまく 話せます

→ ______________________________

2 贈り物を 受け取って くれます

→ ______________________________

단어

生徒 학생(보통 초·중·고생) | まじめだ 성실하다 | 大学を 受ける 대학시험을 치르다 | 安全だ 안전하다 | 贈り物 선물 | 受け取る 받다

6 종속의문문 (문장 안에 포함된 의문문)

(의문사) + [동사・い형용사의 보통체 / 명사・な형용사의 어간] + か ~인지

예문 いつ 行くか 分かりません。

どの 人が 先生か 教えて ください。

誰が 一番 歌が 上手か 知って いますか。

연습문제

보기 何時に・店が 閉まります

→ 何時に 店が 閉まるか 分かりません。

1 どこに・大使館が あります

→ ______________________________

2 どうして・失敗しました

→ ______________________________

단어

知る 알다 | 閉まる 닫히다 | 大使館 대시관 | 失敗する 실패하다

やってみよう 단어 알기 / 그림자 퀴즈 / 나의 추천

1 두 사람이 짝이 되어 대화를 해 봅시다.

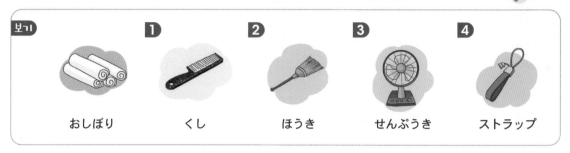

MP3 41

보기 
おしぼり

❶ 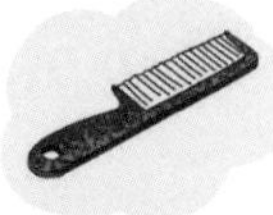
くし

❷ 
ほうき

❸ 
せんぷうき

❹ 
ストラップ

보기

A これは 日本語(にほんご)で 何(なん)と いいますか。

B おしぼりと いいます。

A ありがとうございます。

2 다음 그림을 보고 무엇이 떠오르는지 생각해 봅시다.

MP3 42

보기 

❶ 

❷ 

❸ 

❹ 

보기

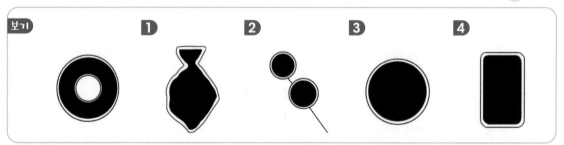

A Bさん、これは 何(なん)の 絵(え)だと 思(おも)いますか。

B タイヤだと 思(おも)います。Aさんは？

A 私(わたし)は ドーナツだと 思(おも)います。

단어

おしぼり 물수건 | くし 빗 | ほうき 빗자루 | せんぷうき 선풍기 | ストラップ 휴대전화 끈 | タイヤ 타이어 | ドーナツ 도너츠 |

3 두 사람이 짝이 되어 대화를 해 봅시다.

MP3 43

보기 何(なに)・作(つく)る

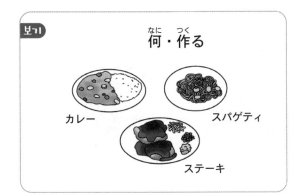

カレー　スパゲティ　ステーキ

1 どれ・買(か)う

人形　本　セーター

2 何(なに)を・プレゼントする

お酒(さけ)　ネクタイ　スニーカー

3 どこ・旅行(りょこう)に 行(い)く

フランス　イタリア　アメリカ

보기

A：Bさん、<u>何(なに)を 作(つく)る</u>か 決(き)めましたか。

B：いいえ。まだ 決(き)められなくて…。

Aさんは <u>何(なに)</u>が いいと 思(おも)いますか。

A：私(わたし)は <u>カレー</u>が いいと 思(おも)います。

B：じゃあ、そう します。

はなしてみよう 말해 봅시다

자신이 추천할만한 것을 주변 사람에게 소개해 봅시다.

レストラン

歌手(かしゅ)

映画(えいが)

보기 私(わたし)の おすすめの レストランは すしよしと いう すし屋(や)です。
ぜひ 一度(いちど) 食(た)べて みて ください。

주변 사람에게 소개해 봅시다.

私(わたし)の おすすめの ________ は ________ という ________ です。

____。

단어

おすすめ 추천 | すし屋(や) 초밥집

単語チェック
단어체크

알고 있는 단어들을 네모 안에 체크해 봅시다.

1류동사
- ☐ あつまる(集まる)
- ☐ うけとる(受け取る)
- ☐ しる(知る)
- ☐ しまる(閉まる)
- ☐ ならぶ(並ぶ)

2류동사
- ☐ きれる(切れる)
- ☐ つかまえる(捕まえる)

3류동사
- ☐ しっぱいする(失敗する)

い형용사
- ☐ さびしい(寂しい)
- ☐ にがい(苦い)

な형용사
- ☐ あんぜんだ(安全だ)
- ☐ ねっしんだ(熱心だ)
- ☐ ひつようだ(必要だ)
- ☐ まじめだ

부사
- ☐ たぶん

사람
- ☐ けいかん(警官)
- ☐ せいと(生徒)
- ☐ はんにん(犯人)

사물
- ☐ おくりもの(贈り物)
- ☐ おしぼり
- ☐ おとしだま(お年玉)
- ☐ くし
- ☐ せんぷうき
- ☐ ストラップ
- ☐ ねんがじょう(年賀状)
- ☐ ほうき

기타
- ☐ うち
- ☐ おすすめ
- ☐ おたく(お宅)
- ☐ きんし(禁止)
- ☐ くうき(空気)
- ☐ くに(国)
- ☐ こうつう(交通)
- ☐ しようちゅう(使用中)
- ☐ すしや(すし屋)
- ☐ たいしかん(大使館)
- ☐ ちゅうしゃ(駐車)
- ☐ にわ(庭)
- ☐ びじゅつかん(美術館)
- ☐ やま(山)
- ☐ るす(留守)

숙어 표현
- ☐ おなかが すく
- ☐ だいがくを うける(大学を 受ける)
- ☐ やくに たつ(役に 立つ)

모범답안

はじめよう

연습문제

やってみよう

はなしてみよう

Lesson 01
私(わたし)の 趣味(しゅみ)は 歌(うた)を 歌(うた)う ことです

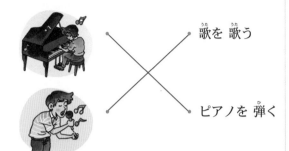

はじめよう

- ピアノを 弾(ひ)く
- 歌(うた)を 歌(うた)う
- 歯(は)を 磨(みが)く

연습문제

1 ① 塗(ぬ)る
② 借(か)りる

2 ① よく 打(う)つ 選手(せんしゅ)
② 荷物(にもつ)を 運(はこ)ぶ 車(くるま)

3 ① 娘(むすめ)の 夢(ゆめ)は すてきな 彼(かれ)を 作(つく)る ことです。
② 金(キム)さんの 趣味(しゅみ)は お祭(まつ)りを 見(み)る ことです。

4 ① 時々(ときどき) 財布(さいふ)を 忘(わす)れる ことが あります。
② 時々(ときどき) 一人(ひとり)で 旅行(りょこう)を する ことが あります。

5 ① 楽譜(がくふ)を 読(よ)む ことが できます。
② ギターを 弾(ひ)く ことが できます。

6 ① 食事(しょくじ)を する 前(まえ)に 手(て)を 洗(あら)います。
② 電車(でんしゃ)に 乗(の)る 前(まえ)に 切符(きっぷ)を 買(か)います。

やってみよう

1 ① する
② 食(た)べる
③ 見(み)る
④ 入(はい)る
⑤ 磨(みが)く
⑥ 読(よ)む
⑦ 寝(ね)る

2 ① 料理(りょうり)を する 前(まえ)に 野菜(やさい)を 買(か)います。
② 夜(よる)ご飯(はん)を 食(た)べる 前(まえ)に 料理(りょうり)を します。
③ テレビを 見(み)る 前(まえ)に 夜(よる)ご飯(はん)を 食(た)べます。
④ お風呂(ふろ)に 入(はい)る 前(まえ)に テレビを 見(み)ます。
⑤ 歯(は)を 磨(みが)く 前(まえ)に お風呂(ふろ)に 入(はい)ります。
⑥ 本(ほん)を 読(よ)む 前(まえ)に 歯(は)を 磨(みが)きます。
⑦ 寝(ね)る 前(まえ)に 本(ほん)を 読(よ)みます。

はなしてみよう

1 ① A：Bさんの 趣味(しゅみ)は 何(なん)ですか。
B：私(わたし)の 趣味(しゅみ)は 水泳(すいえい)です。
A：プールで 泳(およ)ぐ ことですか。
B：いいえ。海(うみ)で 泳(およ)ぐ ことです。
A：すごいですね。

② A：Bさんの 趣味(しゅみ)は 何(なん)ですか。
B：私(わたし)の 趣味(しゅみ)は 歌(うた)です。
A：歌(うた)を 聞(き)く ことですか。
B：いいえ。歌(うた)を 歌(うた)う ことです。
A：すごいですね。

③ A：Bさんの 趣味(しゅみ)は 何(なん)ですか。
B：私(わたし)の 趣味(しゅみ)は 映画(えいが)です。
A：映画(えいが)を 見(み)る ことですか。
B：いいえ。映画(えいが)を 撮(と)る ことです。
A：すごいですね。

④ A：Bさんの 趣味(しゅみ)は 何(なん)ですか。
B：私(わたし)の 趣味(しゅみ)は 絵(え)です。
A：絵(え)を 描(か)く ことですか。
B：いいえ。絵(え)を 集(あつ)める ことです。
A：すごいですね。

2 ① A：Bさんは たくさん お酒(さけ)を 飲(の)む ことが できますか。
B：はい。できます。Aさんは？
A：私(わたし)は たくさん お酒(さけ)を 飲(の)む ことが できません。

② A：Bさんは 英語を 話す ことが できますか。
B：はい。できます。Aさんは？
A：私は 英語を 話す ことが できません。

③ A：Bさんは 泳ぐ ことが できますか。
B：はい。できます。Aさんは？
A：私は 泳ぐ ことが できません。

④ A：Bさんは 自転車に 乗る ことが できますか。
B：はい。できます。Aさんは？
A：私は 自転車に 乗る ことが できません。

⑤ A：Bさんは スケートを する ことが できますか。
B：はい。できます。Aさんは？
A：私は スケートを する ことが できません。

Lesson 02
けがを して 病院に 行きました

はじめよう

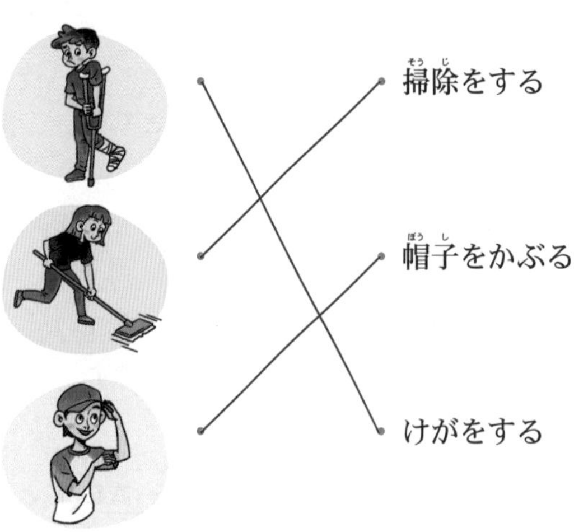

연습문제

1 ① 吹いて
② 急いで
③ 払って
④ 待って
⑤ 釣って
⑥ 死んで
⑦ 運んで
⑧ 飲んで
⑨ 直して
⑩ 行って

2 ① 降りて
② 閉めて

3 ① 準備して
② 出席して

4 ① 本を 読んで、レポートを 書きます。
② 朴さんに 会って 買物を します。

5 ① パジャマを 着て 寝ます。
② 地下鉄に 乗って 空港に 行きます。

6 ① かさを 忘れて 困りました。
② 遅く 起きて 時間に 遅れました。

7 ① 風邪に 気を つけて ください。
② 来年も また 来て ください。

やってみよう

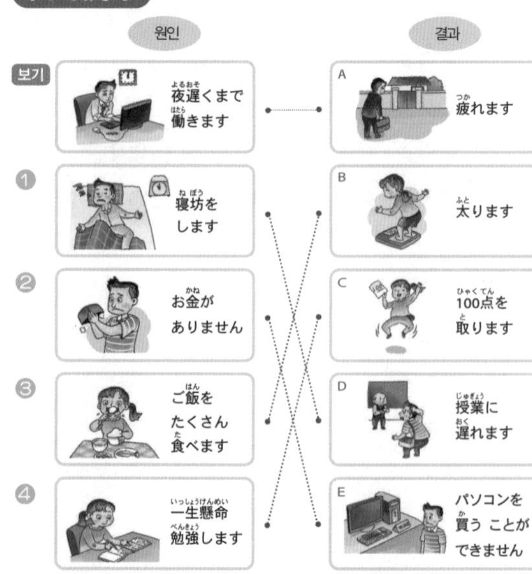

❶ (D) 寝坊を して 授業に 遅れました。
❷ (E) お金が なくて パソコンを 買う ことが できませんでした。
❸ (B) ご飯を たくさん 食べて 太りました。
❹ (C) 一生懸命 勉強して 100点を 取りました。

2 ❶ 私は 朝 起きて シャワーを 浴びて、朝ご飯を 食べて、天気予報を 見て、学校に 行きます。
❷ 会社に 着いて メールの チェックを して、午前中は 会議を して、午後は 営業に 行きます。
❸ 家に 帰って 少し 休んで、夜ご飯を 食べて、ドラマを 見て、歯を みがいて 寝ます。

はなしてみよう

❶ A : あとで (電話して) ください。
B : わかりました。
❷ A : すみませんが、この 問題を (教えて) ください。
B : ええ、いいですよ。
❸ A : すみませんが、ちょっと ボールペンを (貸して) ください。
B : ええ、いいですよ。
❹ A : どうぞ (食べて) ください。
B : ありがとうございます。
❺ A : どうぞ (座って) ください。
B : ありがとうございます。

Lesson 03
車を 止めても いいですか

はじめよう

 — 車を 止める

 — スカートを はく

 — 物を 盗む

(物を 盗む / スカートを はく)

연습문제

1 ❶ この 席に 座っても いいですか。
❷ エアコンを つけても いいですか。
2 ❶ 宿題を 忘れては いけません。
❷ 運転しながら 電話を しては いけません。
3 ❶ 赤い スカートを はいて みます。
❷ この 仕事は 一人で して みます。
4 ❶ 大切な 写真を なくして しまいました。
❷ 授業中に うっかり 寝て しまいました。
5 ❶ よく 調べてから 買います。
❷ 食事を してから 薬を 飲みます。
6 ❶ 八百屋で 野菜を 買って 来ます。
八百屋で 野菜を 買って 行きます。
❷ 会議の 前に 食事を して 来ます。
会議の 前に 食事を して 行きます。

やってみよう

1 ❶ A : 田中さん、この 鉛筆を <u>使っても</u> いいですか。
B : ええ、いいですよ。

② A：先生、辞書を 見ても いいですか。

B：いいえ、辞書を 見ては いけません。

2 問題1 ③

問題2 ②

はなしてみよう

レベル1

→ はい、私は 話しかけて みます。

→ いいえ、私は 話しかけません。

レベル2

→ はい、私は 買って みます。

→ いいえ、私は 買いません。

レベル3

→ はい、私は 行って みます。

→ いいえ、私は 行きません。

レベル4

→ はい、私は 出て みます。

→ いいえ、私は 出ません。

レベル5

→ はい、私は 飲んで みます。

→ いいえ、私は 飲みません。

Lesson 04

ごみを 捨てないで ください

はじめよう

——— ごみを捨てる

——— 頂上に登る

——— きれいに片づける

연습문제

1 ① 騒がない

② 遊ばない

③ 会わない

④ 暮らさない

⑤ ほめない

⑥ 負けない

⑦ 努力しない

⑧ 連れて 来ない

2 ① ここに 置かないで ください。

② 心配 しないで ください。

3 ① 今 すぐ 払わなくても いいです。

② 無理に 食べなくても いいです。

4 ① 必ず 勝たなくては いけません。

② 火事に 気を つけなくては いけません。

5 ① はしを 使わないで 食べました。

② 教科書を 見ないで 問題を 解きました。

やってみよう

1 ① A：先生、教科書を 見ても いいですか。

B：いいえ、見ないで ください。

② A：ここに ごみを 捨てても いいですか。

B：いいえ、捨てないで ください。

2 ① 私の 夢は 英語の 先生に なる ことです。

私の 夢は 医者に なる ことです。

私の 夢は 大企業に 入る ことです。

② 私の 夢の ために 資格を 取らなくては いけません。

私の 夢の ために デザインの 学校に 行かなくては いけません。

私の 夢の ために ニュースを 毎日 見なくては いけません。

はなしてみよう

① くもりの 日に かさを 持って 出かけますか。

→ はい。私(わたし)は かさを 持(も)って 出(で)かけます。
→ いいえ。私(わたし)は かさを 持(も)たないで 出(で)かけます。

② コーヒーに 砂糖(さとう)と ミルクを 入(い)れて 飲(の)みますか。
→ はい。私(わたし)は 砂糖(さとう)と ミルクを 入(い)れて 飲(の)みます。
→ いいえ。私(わたし)は 砂糖(さとう)と ミルクを 入(い)れないで 飲(の)みます。

③ 近(ちか)くの スーパーに 携帯(けいたい)を 持(も)って 行(い)きますか。
→ はい。近(ちか)くの スーパーに 携帯(けいたい)を 持(も)って 行(い)きます。
→ いいえ。近(ちか)くの スーパーに 携帯(けいたい)を 持(も)たないで 行(い)きます。

④ 毎朝(まいあさ)、ご飯(はん)を 食(た)べて 学校(がっこう)や 会社(かいしゃ)に 行(い)きますか。
→ はい。毎朝(まいあさ)、ご飯(はん)を 食(た)べて 学校(がっこう)(会社(かいしゃ))に 行(い)きます。
→ いいえ。毎朝(まいあさ)、ご飯(はん)を 食(た)べないで 学校(がっこう)(会社(かいしゃ))に 行(い)きます。

Lesson 05
鳥(とり)が 飛(と)んで います

はじめよう

鳥(とり)が 飛(と)ぶ

お金(かね)が 落(お)ちる

桜(さくら)が 咲(さ)く

연습문제

1 ① 母(はは)が 鏡(かがみ)を 見(み)て います。
② うるさい 音楽(おんがく)が 鳴(な)って います。

2 ① この 店(みせ)では 野菜(やさい)を 売(う)って います。
② 朝(あさ)は いつも 6時(ろくじ)に 起(お)きて います。

3 ① 部屋(へや)の 電気(でんき)が ついて います。
② 教室(きょうしつ)の 窓(まど)が 割(わ)れて います。

4 ① はい、もう 見(み)つかりました。
いいえ、まだ 見(み)つかって いません。
② はい、もう しました。
いいえ、まだ して いません。

5 ① 弟(おとうと)は 太(ふと)って います。
② 彼女(かのじょ)は しっかりして います。

6 ① あそこで 花(はな)を 植(う)えて いる 人(ひと)が 私(わたし)の おばです。
② 門(もん)の 前(まえ)に 立(た)って いる 人(ひと)が 林(はやし)さんの お姉(ねえ)さんです。

やってみよう

1 → 茶色(ちゃいろ)い 靴(くつ)を 履(は)いて います。
→ 黒(くろ)い スカートを はいて います。
→ 黄色(きいろ)い めがねを かけて います。
→ 赤い 手袋(てぶくろ)を して います。
→ 緑(みどり)の コートを 着(き)て います。
→ 白い マフラーを して います。
→ 紺(こん)の シャツを 着(き)て います。

2 ① A：もしもし。
B：もしもし。Bです。
こんにちは。今(いま)、お電話(でんわ) 大丈夫(だいじょうぶ)ですか。
A：あ、Bさん。こんにちは。
すみませんが、今(いま)、会議(かいぎ)を して いますから あとで 電話(でんわ)を しても いいですか。
B：はい。わかりました。お願(ねが)いします。

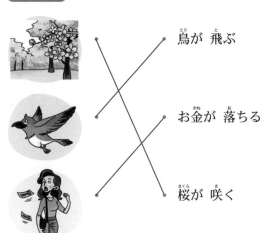

② A：もしもし。

B：もしもし。Bです。
こんにちは。今、お電話 大丈夫ですか。

A：あ、Bさん。こんにちは。
すみませんが、今、お弁当を 作って いますから あとで 電話を しても いいですか。

B：はい。わかりました。お願いします。

③ A：もしもし。

B：もしもし。Bです。
こんにちは。今、お電話 大丈夫ですか。

A：あ、Bさん。こんにちは。
すみませんが、今、レポートを 書いて いますから あとで 電話を しても いいですか。

B：はい。わかりました。お願いします。

はなしてみよう

① 私は 毎日 必ず 日本の ドラマを 見て います。
私は 毎日 必ず シャワーを 浴びて います。

② 私は 昼休みに いつも 友達と おしゃべりを して います。
私は 昼休みに いつも ゆっくり お昼ご飯を 食べて います。

③ 私は 休みの 日に いつも 遅くまで 寝て います。
私は 休みの 日に いつも 恋人と 映画を 見て います。

④ 私は いつも バスで 学校に 通って います。

⑤ 私は 毎朝、電車(バス)の 中で 寝て います。

Lesson 06
動物を 飼ったことが あります

はじめよう

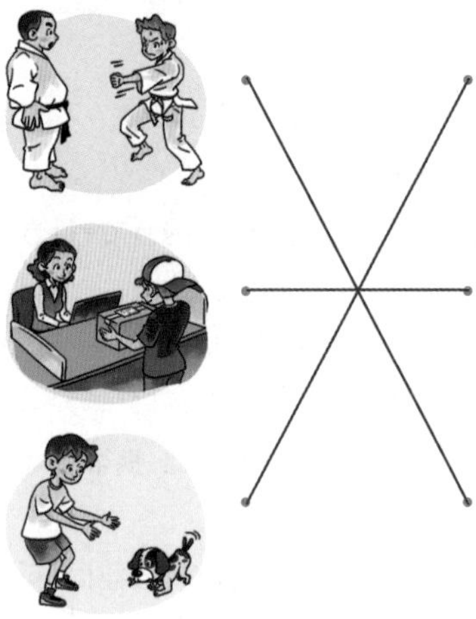

動物を 飼う

荷物を 送る

空手を 習う

연습문제

1 ① 汚れた
② 案内した

2 ① 動物を 飼った ことが あります。
② 地震を 経験した ことが あります。

3 ① はっきり 言った ほうが いいですよ。
② ちゃんと 予習を した ほうが いいですよ。

4 ① ポケットに お金を 入れたまま、洗濯して しまいました。
② タクシーの 中に かさを 置いたまま、降りて しまいました。

5 ① 子供が 寝た あとで 掃除を します。
② 運動を した あとで ビールを 飲みます。

6 ① 新聞を 読んだり テレビを 見たり します。
② ネットショッピングを したり メールを 送ったり します。

やってみよう

1 ① A：この 言葉の 意味が 分かりません。
B：辞書で 調べた ほうが いいですよ。
② A：私、来週 桜を 見に 行きます。
B：桜ですか。来週より 今週 行った ほうが いいですよ。

3 ① B ② C ③ A ④ D

はなしてみよう

① A：私は お風呂に 入って、体を 洗った あとで 頭を 洗います。Bさんは？
B：私は 頭を 洗った あとで 体を 洗います。
② A：私は 原作が 小説の 映画は、小説を 読んだ あとで 映画を 見ます。Bさんは？
B：私は 映画を 見た あとで 小説を 読みます。

Lesson 07
紅茶が 好きに なりました

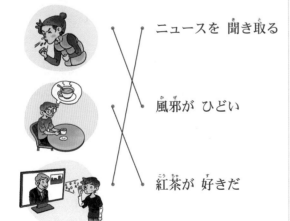

はじめよう

ニュースを 聞き取る

風邪が ひどい

紅茶が 好きだ

연습문제

1 ① 写せる ② 頼める
2 ① 育てられる ② 数えられる
3 ① 退院できる ② 招待できる
4 ① 一人で 浴衣が 着られるように なりました。
② 上手に 発音が できるように なりました。
5 ① 天気が よく なりました。
② 部屋が 汚く なりました。
6 ① 紅茶が 好きに なりました。
② 木村君が 有名に なりました。

やってみよう

1 ① （ E ） 冬が 来て、寒く なりました。
② （ B ） 薬を 飲んで、元気に なりました。
③ （ C ） 毎日 運動を して、細く なりました。
④ （ F ） 教室に 先生が 来て、静かに なりました。
⑤ （ D ） 一生懸命 そうじを して、きれいに なりました。

2 ① A：Bさんは 漢字が 書けますか。
B：はい。(少し) 書けるように なりました。
いいえ。まだ 書けません。
② A：Bさんは 日本語で あいさつが できますか。
B：はい。(少し) できるように なりました。
いいえ。まだ できません。
③ A：Bさんは 日本人と 会話が できますか。
B：はい。(少し) できるように なりました。
いいえ。まだ できません。
④ A：Bさんは 日本の 本が 読めますか。
B：はい。(少し) 読めるように なりました。
いいえ。まだ 読めません。
⑤ A：Bさんは 日本の ドラマが 理解できますか。

B：はい。(少し) 理解できるように なりました。
いいえ。まだ 理解できません。

はなしてみよう

① キムチチゲが 上手に 作れます。
② 1日に 12時間 ぐらい 寝られます。
③ 100メートルを 15秒 ぐらいで 走れます。
④ ビールを 1本 ぐらい 飲めます。
⑤ 一人で 旅行が できません。
⑥ 一人で ホラー映画が 見られません。

Lesson 08
友達に ハンカチを あげました

はじめよう

ハンカチを あげる

おみやげを もらう

漫画を くれる

*➡：～が(は)

*참조
Aさんは Bさんに ハンカチを あげました。
Aさんは Bさんに（から）おみやげを もらいました。
Aさんは 私に 漫画を くれました。

연습문제

1 ① 私は 彼女に 指輪を あげました。
② 私は 山田さんに かわいい 靴下を あげました。
2 ① 私は 受付の 人に 案内書を もらいました。
② 私は 李さんに 珍しい お酒を もらいました。
3 ① 両親は 私に 卒業の お祝いを くれました。
② 山田さんは 私に 来年の カレンダーを くれました。
4 ① 私は 赤ちゃんに 歌を 歌って あげました。
② 私は おじいさんに 道を 教えて あげました。
5 ① 私は 母に 新しい 洋服を 買って もらいました。
② 私は 李さんに 荷物を 届けて もらいました。
6 ① 友達は 私に 数学を 教えて くれました。
② 祖父は 私に 新しい 自転車を 買って くれました。

やってみよう

1 イム ヘソンさま
いつも 宿題を 手伝って くれて ありがとう。
これからも よろしく おねがいします。
ミジンより

2 ① A：金さん、かわいい 帽子ですね。
B：はい、母に 買って もらいました。
② A：山田さん、いい パソコンですね。
B：はい、祖父が 買って くれました。

はなしてみよう

1 a 作って あげたいです。理由は、私は 料理が 得意だからです。
2 a 内緒で 準備して もらいたいです。理由は、その ほうが びっくりするし、うれしいからです。

3 b 放って おいて もらいたいです。理由は、落ち込んで いる ときには 誰とも 話したく ないからです。

Lesson 09
電車を 降りた とき、忘れ物に 気が つきました

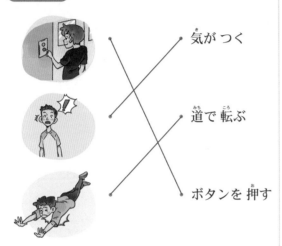

はじめよう

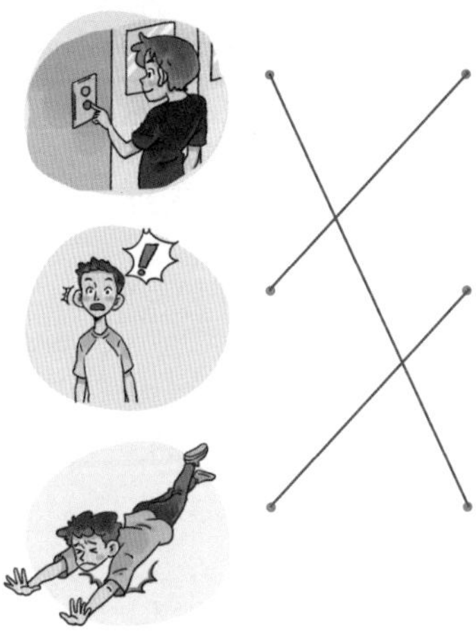

気が つく

道で 転ぶ

ボタンを 押す

연습문제

1 ① 駅に 着いた とき、人が 多くて びっくりしました。

② みんなの 前で 歌った とき、とても 緊張しました。

2 ① 天気予報を 見る ために、テレビを つけます。

② インターネットを する ために、パソコンを 買います。

3 ① 急いだので、道で 転んで しまいました。

② 子供が 熱を 出したので、病院に 連れて 行きました。

4 ① メールを もらったのに、返事を 出しませんでした。

② ボタンを 押したのに、切符が 出て 来ませんでした。

5 ① アクセサリーを 買いすぎて、お金が なくなりました。

② 冷たい 物を 食べすぎて、おなかが 痛くなりました。

6 ① この 町は 住みやすいです。

この 町は 住みにくいです。

② この はさみは 使いやすいです。

この はさみは 使いにくいです。

やってみよう

①

のに (○)

ので ( )

春になる　　雪が降る

→ 春に なったのに、雪が 降りました。

②

のに ( )

ので (○)

昨日 寝ない　　眠い

→ 昨日 寝なかったので、眠いです。

③

のに ( )

ので (○)

買い物を たくさんする　　お金が ない

→ 買い物を たくさん したので、お金が ありません。

④

のに (○)

ので ( )

急いで 行く　　遅刻する

→ 急いで 行ったのに、遅刻しました。

はなしてみよう

1

❶ 私は 疲れた とき、寝ます。
私は 疲れた とき、マッサージに 行きます。

❷ お金が あまり ない とき、家で ご飯を 食べます。
お金が あまり ない とき、ラーメンを 食べます。

❸ 買い物を する とき、ミョンドンに 行きます。
買い物を する とき、デパートに 行きます。

❹ 病気の とき、母が 看病して くれます。
病気の とき、誰も 看病して くれません。

❺ 友達と けんかを した とき、メールを して 謝ります。
友達と けんかを した とき、電話が 来るまで 待ちます。

2

(寝る) (切る) (座る) (はく) (書く)

❶ A：Bさん、私、新しい はさみを 買いました。古い はさみが ちょっと 切りにくいので。
B：そうですか。新しい はさみは 切りやすいですか。
A：はい。とても 切りやすいですよ。気に 入って います。
B：それは よかったですね。

❷ A：Bさん、私、新しい いすを 買いました。古い いすが ちょっと 座りにくいので。
B：そうですか。新しい いすは 座りやすいですか。
A：はい。とても 座りやすいですよ。気に 入って います。
B：それは よかったですね。

❸ A：Bさん、私、新しい 靴を 買いました。古い 靴が ちょっと はきにくいので。
B：そうですか。新しい 靴は はきやすいですか。
A：はい。とても はきやすいですよ。気に 入って います。
B：それは よかったですね。

❹ A：Bさん、私、新しい ボールペンを 買いました。古い ボールペンが ちょっと 書きにくいので。
B：そうですか。新しい ボールペンは 書きやすいですか。
A：はい。とても 書きやすいですよ。気に 入って います
B：それは よかったですね。

Lesson 10
おもしろい 映画だと 思います

はじめよう

犯人を捕まえる

贈り物を受け取る

店が閉まる

연습문제

1 ① 苦(にが)く ない→苦(にが)かった→苦(にが)く なかった
② 並(なら)ばない→並(なら)んだ→並(なら)ばなかった

2 ① おなかが すいたと 言(い)いました。
② 一人(ひとり)でも 寂(さび)しく ないと 言(い)いました。

3 ① 明日(あした)は 雨(あめ)が 降(ふ)らないと 思(おも)います。
② 去年(きょねん) そこは 美術館(びじゅつかん)では なかったと 思(おも)います。

4 ① 本日休業(ほんじつきゅうぎょう)は、今日(きょう)は 休(やす)みだと いう 意味(いみ)です。
② 駐車禁止(ちゅうしゃきんし)は、ここに 車(くるま)を 止(と)めては いけないと いう 意味(いみ)です。

5 ① うまく 話(はな)せるか どうか 心配(しんぱい)です。
② 贈(おく)り物(もの)を 受(う)け取(と)って くれるか どうか 心配(しんぱい)です。

6 ① どこに 大使館(たいしかん)が あるか 分(わ)かりません。
② どうして 失敗(しっぱい)したか 分(わ)かりません。

やってみよう

1 ① A：これは 日本語(にほんご)で 何(なん)と いいますか。
B：くしと いいます。
A：ありがとうございます。
② A：これは 日本語(にほんご)で 何(なん)と いいますか。
B：ほうきと いいます。
A：ありがとうございます。
③ A：これは 日本語(にほんご)で 何(なん)と いいますか。
B：せんぷうきと いいます。
A：ありがとうございます。
④ A：これは 日本語(にほんご)で 何(なん)と いいますか。
B：ストラップと いいます。
A：ありがとうございます。

2 ① A：Bさん、これは 何(なん)の 絵(え)だと 思(おも)いますか。
B：魚(さかな)だと 思(おも)います。Aさんは？
A：私(わたし)は 花(か)びんだと 思います。
② A：Bさん、これは 何(なん)の 絵(え)だと 思(おも)いますか。
B：めがねだと 思(おも)います。Aさんは？
A：私(わたし)は だんごだと 思(おも)います。
③ A：Bさん、これは 何(なん)の 絵(え)だと 思(おも)いますか。
B：時計(とけい)だと 思(おも)います。Aさんは？
A：私(わたし)は ボールだと 思(おも)います。
④ A：Bさん、これは 何(なん)の 絵(え)だと 思(おも)いますか。
B：カードだと 思(おも)います。Aさんは？
A：私(わたし)は 携帯電話(けいたいでんわ)だと 思(おも)います。

3 ① A：Bさん、どれを 買(か)うか 決(き)めましたか。
B：いいえ。まだ 決(き)められなくて…。
Aさんは どれが いいと 思(おも)いますか。
A：私(わたし)は 人形(にんぎょう)が いいと 思(おも)います。
B：じゃあ、そう します。
② A：Bさん、何(なに)を プレゼントするか 決(き)めましたか。
B：いいえ。まだ 決(き)められなくて…。
Aさんは 何(なに)が いいと 思(おも)いますか。
A：私(わたし)は ネクタイが いいと 思(おも)います。
B：じゃあ、そう します。
③ A：Bさん、どこに 旅行(りょこう)に 行(い)くか 決(き)めましたか。
B：いいえ。まだ 決(き)められなくて…。
Aさんは どこが いいと 思(おも)いますか。
A：私(わたし)は アメリカが いいと 思(おも)います。
B：じゃあ、そう します。

はなしてみよう

私(わたし)の おすすめの 日本語(にほんご)の 教科書(きょうかしょ)は 「かんたん日本語(にほんご)」と いう 本(ほん)です。ぜひ 一度(いちど) 使(つか)って みて ください。

2ND EDITION 다락원
뉴코스 일본어 STEP 2

지은이 채성식, 조영남, 아이자와 유카, 나카자와 유키

펴낸이 정규도
펴낸곳 (주)다락원

초판 1쇄 발행 2012년 5월 25일
개정1판 1쇄 발행 2023년 9월 25일
개정1판 2쇄 발행 2024년 9월 25일

책임편집 이선미, 송화록
디자인 장미연, 김희정
일러스트 오경진

다락원 경기도 파주시 문발로 211
내용문의: (02)736-2031 내선 460~466
구입문의: (02)736-2031 내선 250~252
Fax: (02)732-2037
출판등록 1977년 9월 16일 제406-2008-000007호

ISBN 978-89-277-1279-4 14730
978-89-277-1277-0 (set)

http://www.darakwon.co.kr

• 다락원 홈페이지를 방문하시면 상세한 출판 정보와 함께 동영상강좌, MP3 자료 등 다양한 어학 정보를 얻으실 수 있습니다.

일본어 마스터로 가는 새로운 길라잡이

2ND EDITION

다락원

뉴코스 일본어

채성식 · 조영남 · 아이자와 유카 · 나카자와 유키 공저

STEP 2

별책부록 | 문법 노트

다락원

문법노트

Lesson 01

私の 趣味は 歌を 歌う ことです

❶ 동사의 기본형

〈동사의 정중형〉 書きます → 〈동사의 기본형〉 書く

한국어의 동사 '가다, 먹다, 하다'와 같이 일본어 동사에도 가장 기본이 되는 형태가 있어 이를 동사의 기본형, 혹은 사전형이라고 부른다(예 行く, 食べる, する 등). 동사의 기본형은 형태상으로 어미가 「く」「ぐ」「う」「つ」「る」「ぬ」「ぶ」「む」「す」로 끝나며(예 書く, 泳ぐ, 歌う, 待つ, 取る, 死ぬ, 呼ぶ, 読む, 話す), 이들 어미의 종류와 동사의 종류(1류, 2류, 3류 동사)에 따라 본 교재 Step.1 과정에서 학습한 「ます형」과, 2과에서 학습할 「て형」과 같은 「동사의 활용형」이 결정된다.

❷ 동사 기본형의 쓰임 I (일반명사의 수식)

〈동사의 정중형〉 書きます → 〈동사의 기본형〉 書く

동사 기본형의 주된 쓰임 중의 하나는 명사를 수식하는 용법이며, 이때 기본형은 '~(하)는'으로 해석된다(예 本を 読む 人(책을 읽는 사람)). 단, 동사의 기본형과는 달리 동사의 「ます형」은 명사를 수식하는 용법으로는 사용되지 않는다(예 よく 読みます 本(×)).

❸ 동사 기본형의 쓰임 II (형식명사의 수식)

동사의 기본형+こと(형식명사) ~하는 것

일본어에는 한국어의 '먹을 것'의 '것', '그럴 리'의 '리'와 같이 일반적인 명사와는 달리 단독으로는 사용이 불가능하여 항상 다른 품사의 수식을 필요로 하는 「형식명사」 (예 '食べること'의 'こと'나 'もの', 'の', 'わけ', 'ところ' 등)가 있다. 이들 형식명사 중의 하나인 「こと」는 동사 기본형의 수식을 받을 경우, 동사를 「명사화」하는 역할을 담당하여 그 전체적인 의미는 '~하는 것'이 된다(예 する こと(하는 것), 食べる こと(먹는 것) 등). 또한 위에서 지적한 바와 같이 형식명사의 경우도 동사 정중형의 수식을 받지 않는다(예 食べます こと(×)).

④ 동사 기본형의 쓰임Ⅲ (경험·습관표현)

동사의 기본형+**ことが あります** ~할 때가 있습니다

「동사의 기본형+こと」에 존재동사인 「ある」가 합쳐진 「동사의 기본형+ことが あります」는 직역을 하면 '~할 것이 있습니다'이지만, 시간을 나타내는 부사(예 時々(때때로), たまに(가끔) 등)와 같이 사용되면 경험, 습관 등의 의미인 '~할 때가 있습니다'로 해석된다(예 時々 お酒を 飲む ことが あります(때때로 술을 마실 때가 있습니다)). 참고로 6과에서 다루게 될 동사의 과거형도 같은 형태로 사용될 수 있으며, 이때는 주로 과거의 경험의 의미인 '~한 적이 있습니다'로 해석된다(예 お酒を 飲んだ ことが あります(술을 마신 적이 있습니다)).

⑤ 동사 기본형의 쓰임Ⅳ (가능표현)

동사의 기본형+**ことが できます** ~하는 것이 가능합니다, ~을/를 할 수 있습니다

위에서 설명한 바와 같이 「동사의 기본형+こと」는 '~하는 것'이라고 해석되는데 이 뒤에 「する」의 가능형인 「できる」가 합쳐져 가능표현이 완성된다(예 ピアノを 弾く ことが できます(피아노를 치는 것이 가능합니다, 피아노를 칠 수 있습니다)). 이때 「こと」와 「できる」 사이에는 조사 「が」가 들어가야 한다. 참고로 「~ことが できます」는 7과에서 다룰 동사의 가능형(예 (기본형)書く / (가능형)書ける)과 같은 의미를 나타낸다(예 ピアノを 弾く ことが できます=ピアノが 弾けます). 자세한 사항은 7과를 참조.

⑥ 동사 기본형의 쓰임Ⅴ (순서표현)

동사의 기본형+**前に**(앞에, 전에) ~에 앞서, ~하기 전에

본 교재 Step.1 (10과)의 '위치표현'에서 다루었던 「前(전, 앞)」는 조사 「に」를 동반하여 동사의 기본형과도 같이 사용될 수 있다(예 来る 前に(오기 전에)). 이때 「前に」는 '~전에, ~에 앞서'로 해석되어 동사가 가리키는 동작이나 상황의 시간적 순서를 나타낸다(예 寝る 前に 歯を 磨きます(자기 전에 이를 닦습니다)).

Lesson 02

けがを して 病院に 行きました

① 1류 동사의 て형

	어미의 종류	규칙	동사	て형	과정
1류 동사	く, ぐ	く → いて	書く	書いて	書く → 書く → 書い → 書い + て → 書いて
		ぐ → いで	泳ぐ	泳いで	泳ぐ → 泳ぐ → 泳い → 泳い + て → 泳いで
		* 예외 行く → 行って			行く → 行く → 行っ → 行っ + て → 行って
	う, つ, る	う つ → って る	歌う	歌って	歌う → 歌う → 歌っ → 歌っ + て → 歌って
			待つ	待って	待つ → 待つ → 待っ → 待っ + て → 待って
			取る	取って	取る → 取る → 取っ → 取っ + て → 取って
	ぬ, ぶ, む	ぬ ぶ → んで む	死ぬ	死んで	死ぬ → 死ぬ → 死ん → 死ん + て → 死んで
			呼ぶ	呼んで	呼ぶ → 呼ぶ → 呼ん → 呼ん + て → 呼んで
			読む	読んで	読む → 読む → 読ん → 読ん + て → 読んで
	す	す → して	話す	話して	話す → 話す → 話し → 話し + て → 話して

동사의 종류별(1, 2, 3류 동사)로 「て형」을 만드는 방법은 아래와 같다.

먼저 1류 동사의 「て형」을 만드는 방법은 어미에 따라 크게 세 가지로 나눌 수 있다.

① 어미가 「く」「ぐ」로 끝나는 경우(예 書く, 泳ぐ)

어미를 삭제하고 어간에 「い」를 붙인 후 「て」를 붙여 만든다(예 書く→書いて). 단, 「行く」의 경우, 어미가 「く」로 끝남에도 불구하고 촉음(促音, 「っ」)을 동반하는 형태로 활용되는 점에 주의한다(예 行く→行って).

② 어미가 「う」「つ」「る」로 끝나는 경우(예 歌う, 待つ, 取る 등)

어미를 삭제하고 어간에 촉음 「っ」를 붙인 후 「て」를 붙여 만든다(예 歌う→歌って). 어간이 [i]나 [e] 발음으로 끝나, 2류 동사로 착각하기 쉬운 「走る」「帰る」「切る」 등의 동사도 각각 「走って」「帰って」「切って」와 같이 활용하는 점에 주의한다.

③ 어미가 「ぬ」「ぶ」「む」로 끝나는 경우(예 死ぬ, 呼ぶ, 読む 등)

어미를 삭제하고 어간에 「ん」을 붙인 후 「で」를 붙여 만든다(예 読む→読んで).

② 2류 동사의 て형

	어미의 종류	규칙	동사	て형	과정
2류 동사	る	る → て	見る	見て	見る → 見る → 見 → 見 + て → 見て
			食べる	食べて	食べる → 食べる → 食べ → 食べ + て → 食べて

2류 동사의 「て형」은 어미인 「る」를 삭제하고 어간에 「て」를 붙여 만든다(예 見る→見て, 食べる→食べて).

③ 3류 동사의 て형

	어미의 종류	규칙	동사	て형	과정
3류 동사	×	불규칙활용	する	して	する → する → し → し + て → して
			来る	来て	来る → くる → き → き + て → 来て

3류 동사의 「て형」은 「ます형」과 동일한 방법으로 만들 수 있다. 특히 「する」 「来る」의 어간인 「す」와 「く」가 각각 「し」와 「き」로 바뀌고 「る」가 탈락된다는 점에서 ます형과 동일하다고 할 수 있다(예 する→します(ます형) / する→して(て형), 来る→きます(ます형) / 来る→きて(て형)).

④ 동사 て형의 쓰임 I (시간적 순서)

동사의 **て**형(시간적 순서) ~하고

동사 「て형」은 두 가지 이상의 동사를 연결할 때 사용될 수 있으며, 동사가 나타내는 동작이 발생하는 시간적 순서 여부에 따라 ①〈병렬 동작〉 ②〈순차적 동작〉의 의미로 나뉜다. 먼저 ①〈병렬 동작〉은 시간적인 전후관계가 아닌 단순한 동작의 나열을 나타낸다(예 毎日 掃除を して、洗濯を します(매일 청소를 하고 세탁을 합니다). 한편 ②〈순차적 동작〉의 경우는 두 동작 사이에 시간적인 전후관계가 성립함을 나타내며(예 顔を 洗って、歯を 磨きます(얼굴을 씻고, (다음으로) 이를 닦습니다). 형태만으로는 시간적 전후관계를 확실히 구분할 수 없어 전후 문맥의 의미를 충분히 고려하여야 하며(예 毎日 掃除を して、洗濯を します(매일 청소와 세탁을 합니다) / 掃除を して、洗濯を します(청소를 하고 (그 후에) 세탁을 합니다), 보다 명확히 전후관계를 구분하기 위해 「~てから」라는 형태를 사용할 수도 있다(예 毎日 掃除を してから 洗濯を します(매일 청소를 하고 나서 세탁을 합니다). 이에 대한 자세한 사항은 3과를 참조.

⑤ 동사 て형의 쓰임 II (동반 동작)

동사의 **て**형(동반 동작) ~하고, ~ 한 채로

동사 「て형」은 시간적으로 동시에 일어나 동작의 전후관계를 구별할 수 없는 상황을 나타낼 때도 사용된다. 이때 동사의 「て형」은 한국어의 '~하고'나 '~한 채로'에 해당한다(예 帽子(ぼうし)を かぶって 出(で)かけます(모자를 쓰고(쓴 채로) 외출합니다)).

⑥ 동사 て형의 쓰임 III (인과관계)

동사의 **て**형(이유, 원인)+ ~해서 ~

동사 「て형」의 중요한 쓰임 중 하나로 〈이유·원인의 제시〉를 들 수 있다. 즉 어떤 두 상황 사이에 뚜렷한 인과관계가 존재할 경우, 이유나 원인이 되는 상황을 동사의 「て형」을 써서 나타낼 수 있다. 이는 본 교재 Step.1 (8과)에서 다루었던 「이유를 나타내는 표현 ~て(で)」에 해당한다고 할 수 있다(예 (형용사의 이유표현) この 問題(もんだい)は 難(むずか)しくて 分(わ)かりません(이 문제는 어려워서 모르겠습니다) / (동사의 이유표현) けがを して 病院(びょういん)に 行(い)きました(다쳐서 병원에 갔습니다)).

⑦ 동사 て형의 쓰임 IV (의뢰·지시)

동사의 **て**형+**ください** ~해 주세요

동사 「て형」이 한국어의 '~주세요'에 해당하는 「ください」와 결합하면 '~해 주세요'라는 의뢰·지시표현으로 사용된다(예 本(ほん)を 読(よ)んで ください(책을 읽어 주세요)). 「~て ください」는 경어표현의 하나이기는 하지만, 상황에 따라서는 「약한 지시나 명령」의 의미로도 사용되므로 손윗사람에게의 사용은 피하는 것이 좋다.

Lesson 03

車を 止めても いいですか

(くるま / と)

① 동사 て형의 응용 I (허가요청)

동사의 **て형+も+いいですか** ~해도 되겠습니까?, ~해도 괜찮습니까?

동사 「て형」은 다양한 형태로 응용이 가능하다. 먼저 동사 「て형」에 「いいですか(좋습니까, 괜찮습니까)」를 붙여 자신의 행위에 대한 상대방의 허가를 묻는 의문문을 만들 수 있다(예 たばこを 吸(す)っても いいですか(담배를 피워도 되겠습니까?)). 이때 한국어의 '~해도'와 마찬가지로 일본어에서도 て형 뒤에 조사 「も」를 붙이게 되는데, 회화체에서는 「も」를 생략하는 경우도 있다(예 行(い)っても いいですか=行(い)って いいですか). 그리고 이에 대한 대답으로는 허가의 경우 「いいですよ(좋습니다)」나 「はい、どうぞ(예, 좋으실 대로)」를 사용하며, 불허의 경우에는 직접적인 표현(예 いいえ(아니요)、だめです(안 됩니다)) 보다는 우회적인 표현을 사용하는 경우가 많다(예 すみませんが、それは ちょっと…(죄송합니다만 그건 좀...)、ちょっと 困(こま)りますね(좀 곤란합니다)).

② 동사 て형의 응용 II (금지)

동사의 **て형+は+いけません** ~해서는 안 됩니다

동사 「て형」의 응용형 중 하나로 금지표현을 들 수 있다. 그 대표적인 형태 중의 하나인 「~ては いけません」은 동사 「て형」에 「いけない(좋지 않다, 안 된다)」가 붙은 형태로 한국어의 '~해서는'과 마찬가지로 조사 「は」를 동반한다. 단, 앞에서 다룬 「~ても いいですか」의 경우, 조사 「も」의 생략이 가능하였으나, 「~ては いけません」에서는 조사 「は」가 생략되면 전혀 다른 의미가 된다(예 食(た)べては いけない(먹으면 안 된다) / 食(た)べて いけない(먹고 살아갈 수 없다)). 유사한 의미를 지닌 금지표현으로는 「~ては なりません」「~ては だめです」 등이 있다.

3 동사 て형의 응용Ⅲ (보조동사 みる와의 결합)

동사의 **て**형+**みます** ～해 보겠습니다

동사 「て형」은 뒤에 다양한 동사가 올 수 있다. 그 중에서도 「見る」는 원래 '(눈으로) 보다'의 의미를 가지나, 「て형」 뒤에 등장하는 「みる」(예 「～て みる」)의 경우, 「시도」(한국어의 '～해 보다')의 의미를 갖는 보조동사로서의 역할을 한다. 여기서 보조동사란 다른 동사의 의미를 보충하는 역할을 하는 동사를 말하며, 원래 갖고 있던 어휘적 의미를 상당부분 상실함에 따라 단독으로는 사용이 불가능하고 반드시 동사 「て형」과 같이 사용하여야 한다. 따라서 동사 「て형」과 함께 사용되는 「みる」는 '(눈으로) 보다'라는 어휘적 의미를 잃고 단지 동사 「て형」의 의미를 보충(「시도」의 의미)하는 역할을 하게 되는 것이다. 이 점은 바로 뒤에서 다룰 동사 「て형」과 결합하여도 원래의 어휘적 의미(이동의 의미)를 그대로 유지하는 「来る」와 「行く」 (예 「～て くる」 「～て いく」)와는 큰 차이를 보인다고 할 수 있다. 또한 보조동사로 사용되는 「みる」는 한자표기가 아닌 히라가나 표기를 원칙으로 한다(예 食べて みる).

4 동사 て형의 응용Ⅳ (보조동사 しまう와의 결합)

동사의 **て**형+**しまいます** ～ 해 버립니다

동사 「て형」과 함께 사용되어 「행위의 완결」('～해 버리다')을 나타내는 보조동사에는 「しまう」가 있다. 「しまう」의 경우도 「みる」와 마찬가지로 단독으로 사용이 가능한 경우와 그렇지 않은 경우(보조동사)로 나뉜다. 먼저 '정리하다, (장소) 안에 집어넣다'라는 본래의 의미를 가질 때는 단독사용이 가능하나, 「행위의 완결」을 나타낼 때는 반드시 동사 「て형」과 함께 사용되어야 한다. 또한 「～て しまう」 표현은 단순히 「행위의 완결」을 나타내기보다는 완결된 행위에 대한 「자책」 「후회」 「책임」 등의 뉘앙스를 표현하는 경우가 많다(예 食べて しまいました(먹으면 안 되지만 먹어 버렸습니다) 후회·자책의 의미).

⑤ 동사 て형의 응용Ⅴ (시간적 순서의 강조)

동사의 **て**형+**から** ~하고 나서

2과에서 시간적 순서를 나타내는 동사 「て형」에 대해 학습하였으나, 보다 명확히 복수의 동작 사이의 시간적 순서를 명시할 필요가 있을 경우, 「て형」 뒤에 조사 「から」를 붙인 형태가 사용된다(예 読んで から(읽고 나서)). 조사 「から」는 한국어의 '~부터·~에서·~나서(출발점·기점), ~ 때문에(이유)' 등의 의미로 해석되나, 동사의 기본형이 아닌 「て형」과 함께 쓰였을 경우만 시간적 순서를 나타낼 수 있다(예 食べて から(먹고 나서→시간적 순서) / 食べるから(먹으므로·먹으니까→이유)).

⑥ 동사 て형의 응용Ⅵ (이동동사 来る·行く와의 결합)

동사의 **て**형+**来ます** ~하고 옵니다

동사의 **て**형+**行きます** ~하고 갑니다

위에서 살펴본 바와 같이 동사 「て형」은 그 의미를 보충해 주는 다양한 동사와 결합할 수 있는데 그 중 대표적인 것으로 동사 「て형」이 각각 이동동사인 「来る」 「行く」와 결합된 「~て 来る」 「~て 行く」를 들 수 있다. 이 경우 「来る」와 「行く」는 원래의 어휘 의미 즉, '오다'와 '가다'라는 뜻을 그대로 유지하므로 동사 「て형」과 결합해서도 각각 '~하고 오다(~て 来る)'와 '~하고 가다(~て 行く)'로 해석된다. 「~て くる」와 「~て いく」는 「て형」으로 쓰이는 동사의 종류에 따라 ①물리적인 이동(실제이동 예 学校に 行って きた)의 의미와 ②추상적인 이동(상태변화 예 太って きた(살이 쪘다), 変わって いく(변해 가다)의 의미로 나눌 수 있는데 이 과에서는 「물리적인 이동의 의미」를 주로 다루고 있다.

Lesson 04

ごみを 捨(す)てないで ください

① 동사의 부정형(ない형)

a. 1류 동사의 부정형

	규칙	동사	ない형	과정
1류 동사	어미 「う단」을 「あ단」으로 바꾸고, 「ない」를 붙임	行(い)く	行(い)かない	行(い)く → 行(い)か → 行(い)か＋ない → 行(い)かない
		예외 言(い)う	言(い)わない	言(い)う → 言(い)わ → 言(い)わ＋ない → 言(い)わない

1류 동사의 부정형은 어미인 [u] 발음을 탈락시키고 어간 뒤에 [a] 발음을 붙인 후 「ない」를 연결하여 만든다(예 行(い)く→行(い)かない, 帰(かえ)る→帰(かえ)らない, 読(よ)む→読(よ)まない, 売(う)る→売(う)らない 등). 단, 어미가 「う」로 끝나는 경우에 한해서는 어간에 「わ」([wa])를 붙인 후 「ない」를 연결하는 점에 주의한다(예 言(い)う→言(い)わない, 買(か)う→買(か)わない 등).

b. 2류 동사의 부정형

	규칙	동사	ない형	과정
2류 동사	어미 「る」를 떼고, 「ない」를 붙임	見(み)る	見(み)ない	見(み)る → 見(み)~~る~~ → 見(み)＋ない → 見(み)ない
		食(た)べる	食(た)べない	食(た)べる → 食(た)べ~~る~~ → 食(た)べ＋ない → 食(た)べない

2류 동사의 부정형은 어미인 「る」를 탈락시키고 어간에 「ない」를 연결하여 만든다. (예 見(み)る→見(み)ない, 食(た)べる→食(た)べない, 変(か)える→変(か)えない 등)

c. 3류 동사의 부정형

	규칙	동사	ない형	과정
3류 동사	불규칙활용	する	しない	する → す~~る~~ → し → し＋ない → しない
		来(く)る	こない	来(く)る → く~~る~~ → こ → こ＋ない → 来(こ)ない

3류 동사인 「する」와 「来(く)る」는 부정형을 만들 때 어미 「る」가 탈락될 뿐만 아니라 ます형·て형과 마찬가지로 어간 자체도 바꾼 후 「ない」를 연결한다는 점에 주의한다. (예 する→しない, 来(く)る→こない)

② 동사 부정형의 쓰임 I (부정의 의뢰·지시)

동사 부정형+ **～ないで ください** ～ 하지 말아 주세요, ～하지 마세요

3과에서 다루었던 「동사의 て형+ください」와 유사한 문형으로 부정의 의뢰·지시의 의미를 가지며(예 読まないで ください 읽지 말아 주세요), 이때 부정형에 바로 「で」가 온다(예 読まない+で→読まないで). 부정형에 「て」가 접속하는 방법, 즉 부정형의 「て형」에는 크게 두 가지 형태가 있어, 먼저 위의 ①「～ないで」와 같이 부정형이 그대로 「で」에 접속하는 경우(예 読まないで)가 있고, ②「～なくて」처럼 부정형이 먼저 활용한 후 「て」에 접속하는 경우(예 読まなくて)가 있다. 이 두 형태는 각각의 의미 및 쓰임이 다르므로 주의를 요하며, 자세한 사항은 아래를 참조 바란다.

③ 동사 부정형의 쓰임 II (부정의 허가)

동사 부정형+ **～なくても いいです** ～하지 않아도 됩니다, ～하지 않아도 괜찮습니다

3과의 「동사 て형의 쓰임I」에서 다루었던 「～ても いいですか」는 「て형」 앞에 부정형이 올 수도 있다(예 ～なくても いいです(～않아도 됩니다)). 단 동사를 부정형으로 먼저 만든 후 「て형」으로 바꾸어야 하며(예 閉める(동사기본형)→閉めない(부정형)→閉めなくて(부정형의 て형)→閉めなくても(조사 も 결합)→閉めなくても いいですか), 이때도 회화체의 경우 조사 「も」는 생략이 가능하다(예 行かなくても いいですか(○) / 行かなくて いいですか(○)). 또한 여기서 한 가지 주의할 사항은 「～ないで」 표현과 「いいですか」는 같이 쓸 수 없다는 점이다(예 行かないでも いいですか(×) / 行かなくても いいですか(○)).

④ 동사 부정형의 쓰임 III (의무)

동사 부정형+ **～なくては いけません** ～하지 않으면 안 됩니다, ～해야 됩니다

3과의 「동사 て형의 쓰임 II」에서 다루었던 금지표현 「～ては いけません」과 동사 부정형을 조합하여 「이중부정형」을 만들 수 있으며(예 ～なくては(부정)+いけません(부정) = ～なくては いけません(이중부정)), 의미적으로는 「강한 긍정」의 의미를 나타낸다(예 하지 않으면 안 된다(이중부정) = 해야 한다(강한 긍정)). 또한 이때 「～ては いけません」에서와 마찬가지로 조사 「は」를 생략할 수 없으며(예 閉めなくて いけません(×) / 閉めなくては いけません(○)), 「～ないで」 표현과 「いけません」은 같이 사용할 수 없다(예 閉めないで ならない(×) / 閉めなくては ならない(○)).

⑤ 동사 부정형의 쓰임Ⅳ (부대상황)

동사 부정형+ **～ないで** ～하지 않은 채로, ～하지 않고

앞에서 설명한 바와 같이 동사의 부정형이 「て형」으로 사용될 경우, 「～なくて」와 「～ないで」의 두 가지 형태가 있어 각각의 쓰임과 의미가 다르다. 이 둘 사이의 대표적인 차이점은 「～ないで」의 경우, 동시에 일어나는 상황(부대상황)을 나타낼 수 있다는 점이다(예 ご飯(はん)を 食(た)べないで 学校(がっこう)に 行(い)きました(밥을 먹지 않은 채로 학교에 갔습니다). 이에 비해 「～なくて」의 경우는 이유나 원인을 나타내는 장면에서 주로 사용된다(예 子供(こども)が ご飯(はん)を 食(た)べなくて 心配(しんぱい)です(아이가 밥을 안 먹어서 걱정입니다)). 이 두 형태는 상대방의 용법으로 서로 바꿔서 사용할 수 없다는 점에 주의한다(예 ご飯(はん)を 食(た)べなくて 学校(がっこう)に 行(い)きました(×) / 子供(こども)が ご飯(はん)を 食(た)べないで 困(こま)って います(×).

Lesson 05

鳥が 飛んで います

① 동사 て いる형의 쓰임 I (현재진행)

동작동사의 **て いる**형 ~하고 있다, ~이 현재 진행 중이다

한국어의 현재진행형 '~하고 있다'에 대응하는 일본어 표현은 「~て いる」이다(이하 て いる형). 동사 「て いる형」은 동사의 종류(동작동사, 상태동사 등) 및 함께 사용되는 부사의 종류(특히 今, 最近, 昨日から, 毎日 등의 시간부사)에 따라 각각의 쓰임과 의미가 다르다. 먼저 「동작동사」(예 読む, 飛ぶ, 書く, 泣く 등)는 동작주체가 행하는 「구체적인 동작」을 나타내는 경우가 많다. 그에 비해 「상태동사」(예 終わる, 落ちる, 開く 등)는 구체적인 동작보다는 그로 인해 초래되는 「상황 및 상태」인 의미를 지니는 경우가 많아 의미적으로는 형용사에 가까운 성질을 갖고 있다. 다시 말해 동작동사는 결과에 이르는 「동작의 과정」을 중시하는데 비해, 상태동사는 「동작의 결과」를 중시하는 경향이 강하다고 할 수 있다. 이러한 성질을 갖는 동작동사와 상태동사는 「て いる형」으로 사용될 때 그 의미와 쓰임이 달라진다.
우선 동작동사의 「て いる형」은 단독으로는 「현재진행」의 의미를 갖는 경우가 많지만(예 本を読んで いる(책을 읽고 있다)), 같이 사용되는 시간부사의 종류에 따라 현재진행의 의미 외에도 「반복되는 습관·경향」 등의 의미도 나타낼 수 있다(예 今、本を 読んで いる(지금 책을 읽고 있다→현재진행) / 毎日、本を 読んで いる(매일 책을 읽고 있다→습관). 또한 동사 「て いる형」은 「いる」의 활용을 통해 다양한 시제적 의미 및 부정의 의미 등을 나타낼 수도 있다(예 本を 読んで いた(책을 읽고 있었다→과거진행) / 本を 読んで いない(책을 읽고 있지 않다→부정형)).

② 동사 て いる형의 쓰임 II (반복되는 습관·경향)

(시간부사)+동작동사의 **て いる**형 (시간부사)+항상 반복적으로 ~하다

위 해설 참조.

③ 동사 て いる형의 쓰임 III (결과·상태의 지속)

상태동사의 **て いる**형 ~이 되어 있다, ~한 상태가 현재까지 지속 중이다

상태동사의 「て いる형」은 결과나 상태의 지속을 나타내는 경우가 많으며(예 終わって いる(끝나다, 끝나 있다, 끝난 상태가 현재에도 지속 중이다→결과·상태의 지속)), 동작동사와는 달리 「て いる형」을 현재진행의 의미로 해석해서는 안 된다(예 終わって いる 끝나가고 있다(×) / 끝났다(○)). 특히 상태동사의 「て いる형」은 결과나 상태의 의미를 강조할 수 있는 부사(예 もう(이미, 벌써), すでに(이미) 등)와 같이 사용되는 경우가 많다(예 もう 終わって いる 이미 끝났다).

④ 동사 ている형의 응용 I (부정형)

～ていない ～해 있지 않다, ～하지 않았다

「～て いる」의 부정형은 「～て いない」이다. 이 「～て いない」 표현은 다양한 의미로 해석되며, 그 중에서도 동작이 완결되지 않은 상태가 현재까지 지속되고 있음을 나타내는 용법이 대표적인 예이다(예 彼は 来て いません 그는 오지 않았습니다). 이때 미완결의 의미를 강조할 수 있는 「まだ(아직)」 등의 부사와 함께 사용되는 것이 일반적이다(예 ご飯を まだ 食べて いません 밥을 아직 먹지 못했습니다). 「～て いない」가 많이 사용되는 장면은 동사의 과거형으로 질문을 받았을 때 이에 대해 답을 하는 경우이다. 예를 들어 「ご飯を 食べましたか(밥을 먹었습니까?)」라는 질문을 받았을 때, 안 먹었을 경우, 「いいえ、まだ 食べませんでした(△)」로 대답하는 것보다 「いいえ、まだ 食べて いません (○)」으로 대답하는 편이 훨씬 자연스러운 느낌을 주는데, 이는 후자의 경우 '아직까지 먹지는 않았지만 이제 곧 먹을 것'이라는 뉘앙스를 내포하기 때문이다. 이는 한국어와 다소 차이를 보이는 부분이라고 할 수 있다.

⑤ 동사 ている형의 응용 II (형용사적 용법)

似る, やせる, 太る, そびえる, 結婚する, しっかりする, あっさりする 등

① 현재의 상태를 나타낼 때 기본형이 아닌 「て いる형」이 주로 사용됨.

② 「て いる형」 자체가 상태 · 결과지속의 의미를 나타내어, 동사임에도 불구하고 형용사와 유사한 성질을 지님.

「似る」 「やせる」 「太る」 「そびえる」 「結婚する」 「しっかりする」 「あっさりする」 등의 동사는 현재상태를 나타낼 때 「て いる형」이 주로 사용되며(예 彼は お母さんに 似て いる(○) / 彼は お母さんに 似た(×)), 「て いる형」 자체가 상태 혹은 결과 지속의 의미를 지녀 형용사와 유사한 성질을 갖게 된다(예 彼は 太って いる 그는 뚱뚱하다(그 사람의 상태를 나타내는 형용사적 용법)). 특히 한국인이 범하기 쉬운 오류 중의 하나로 일본인에게 현재 결혼해 있는 상태인지를 물어보는 의미로 「結婚しましたか」로 질문을 하는 경우가 있으나 이는 틀린 것으로 바른 표현은 「結婚していますか」이며, 그에 대한 대답도 「結婚して います」 또는 「結婚して いません」이 되어야 한다. 단, 위의 동사가 명사를 수식하는 경우에는 「て いる형」이 아닌 「た형」이 사용될 수도 있다(예 お母さんに 似た 息子 (어머니를 닮은 아들)).

⑥ 동사 て いる형의 응용Ⅲ (명사수식절)

동사의 **て いる**형+명사 ~하고 있는+명사

「て いる형」은 명사를 수식하는 명사수식절로 사용이 가능하다(예 走(はし)って いる 人(ひと)が 先生(せんせい)です(뛰고 있는 사람이 선생님입니다)). 이때 「て いる형」의 의미는 ①현재 동작의 진행(예 勉強(べんきょう)して いる 人(ひと)(공부하고 있는 사람)), ②복장·안경 등의 착용상태의 지속(예 めがねを かけて いる 人(ひと)(안경을 쓰고 있는 사람)), ③상태의 지속(예 ドアの 前(まえ)に 立(た)って いる 人(ひと)(문 앞에 서 있는 사람)) 등으로 나눌 수 있다.

Lesson 06

動物を 飼った ことが あります

① 동사의 과거형(た형)

a. 1류 동사의 た형

	어미의 종류	규칙	동사	た형	과정
1류 동사	く, ぐ	く → いた	書く	書いた	書く → 書く → 書い → 書い＋た → 書いた
		ぐ → いだ	泳ぐ	泳いだ	泳ぐ → 泳ぐ → 泳い → 泳い＋た → 泳いだ
		＊예외 行く → 行って			行く → 行く → 行っ → 行っ＋た → 行った
	う, つ, る	う つ → った る	歌う	歌った	歌う → 歌う → 歌っ → 歌っ＋た → 歌った
			待つ	待った	待つ → 待つ → 待っ → 待っ＋た → 待った
			取る	取った	取る → 取る → 取っ → 取っ＋た → 取った
	ぬ, ぶ, む	ぬ ぶ → んだ む	死ぬ	死んだ	死ぬ → 死ぬ → 死ん → 死ん＋た → 死んだ
			呼ぶ	呼んだ	呼ぶ → 呼ぶ → 呼ん → 呼ん＋た → 呼んだ
			読む	読んだ	読む → 読む → 読ん → 読ん＋た → 読んだ
	す	す → した	話す	話した	話す → 話す → 話し → 話し＋た → 話した

동사의 과거형인 「た형」은 기본적인 활용법이 「て형」과 동일하다(예 歌う→歌って(て형), 歌う→歌った(た형)). 따라서 동사의 「て형」에 대해 충분히 숙지하고 있다면 「た형」의 활용은 전혀 문제가 되지 않으므로 이에 대한 상세한 설명은 생략한다.

b. 2류 동사의 た형

	어미의 종류	규칙	동사	た형	과정
2류 동사	る	る → た	見る	見た	見る → 見る → 見 → 見＋た → 見た
			食べる	食べた	食べる →食べる → 食べ → 食べ＋た → 食べた

2류 동사의 경우도 기본적인 활용법이 「て형」과 동일하다(예 見る→見て(て형), 見る→見た(た형)).

c. 3류 동사의 た형

	어미의 종류	규칙	동사	た형	과정
3류 동사	る	불규칙활용	する	した	する → する → し → し＋た → した
			来る	きた	来る → くる → き → き＋た → 来た

3류 동사의 경우도 기본적인 활용법이 「て형」과 동일하다(예 する→して(て형), する→した(た형)).

② 동사 た형의 응용 Ⅰ (과거의 경험)

동사의 **た**형+**ことが あります** ~한 적이 있습니다

동사의 「た형」은 1과에서 학습한 형식명사를 포함한 문형과 결합하여 과거의 경험을 나타낼 수 있다(예 行った ことが あります(간 적이 있습니다)).

③ 동사의 た형의 응용 Ⅱ (충고표현)

동사의 **た**형+**ほうが いいです** ~하는 편이 좋습니다

동사의 「た형」은 Step.1 (6과)에서 학습한 「ほう(쪽, 편)」와 결합하여 한국어의 '~하는 편이'라는 의미로 사용되며, 이 표현은 주로 상대방에 대해 충고를 하는 장면에서 사용할 수 있다(예 薬を 飲んだ ほうが いいです(약을 먹는 편이 좋습니다-충고)). 이 때 주의할 점은 동사의 기본형도 「ほう」와 같이 사용될 수 있으나 이때는 충고의 의미보다는 비교의 의미가 강하다는 점에서 차이를 보인다(예 料理を 作るより 食べる ほうが いいです(요리를 만드는 것보다 먹는 편이 좋습니다-비교)).

④ 동사 た형의 응용 Ⅲ (부대상황)

동사의 **た**형+**まま** ~한 채로, ~인 상태로

동사의 「た형」은 「まま(~한 채로, ~인 상태로)」와 같이 사용되면 부대상황(~인 채로, ~인 상태로)을 나타낼 수 있다(예 めがねを かけたまま(안경을 쓴 채로)).

⑤ 동사 た형의 응용 Ⅳ (시간적 순서)

동사의 **た**형+**あとで** ~한 후에

동사 「た형」은 「あとで(후에)」와 같이 사용되면 '~한 후에'라는 의미를 가지며 동작의 시간적 순서를 나타내는 용도로 사용된다(예 友達に 聞いた あとで 電話します(친구에게 물은 후에 전화하겠습니다)).

⑥ 동사 た형의 응용V (선택표현)

～たり ～たり します ～하거나 ～ 하거나 합니다

동사의 「た형」을 응용한 표현 중에는, 둘 이상의 동작을 나열할 때 사용되어 한국어의 '～하거나 ～하거나 합니다'에 해당하는 「～たり ～たり します」가 있다. 「たり」 앞에 오는 동사의 형태는 「た형」과 동일하며(예 聞いたり / 聞いた), 「たり」가 두 번 반복되는 형태가 일반적이고(예 音楽を 聞いたり、映画を 見たり), 「たり」 뒤에는 「する」가 반드시 등장한다(예 音楽を 聞いたり、映画を 見たり します). 단, 상황에 따라 「たり」가 한 번 등장(예 最近 旅行したり して います(최근에 여행을 한다든지 합니다))하거나, 세 번 이상(예 本を 読んだり、ご飯を 食べたり、テレビを 見たり します) 등장하는 경우도 있다.

Lesson 07

紅茶が 好きに なりました

① 1류 동사의 가능형

書く → 書け → 書け+る → 書ける

1류 동사의 가능형은 어미 「う단」을 「え단」으로 바꾼 후 「る」를 붙인다(예 書く→書ける).

② 2류 동사의 가능형

見る → 見+られる → 見られる

食べる → 食べ+られる → 食べられる

2류 동사의 가능형은 어미 「る」를 떼고 「られる」를 붙인다(예 見る→見られる, 食べる→食べられる). 단, 회화체에서는 1류 동사와 마찬가지로 어미인 「う단」을 「え단」으로 바꾼 후 「る」를 붙인 형태(예 見る→見れる, 食べる→食べれる)가 사용될 수 있으며, 이를 일반적으로 「ら抜きことば(ら 탈락 단어, 예 見られる→見れる)」라고 한다.

③ 3류 동사의 가능형

する → できる

来る → くる → こ+られる → 来られる

3류 동사인 「する」와 「来る」는 1류 동사와 2류 동사와 달리 불규칙활용을 한다. 「する」는 「できる」로(예 生活する→生活できる), 「来る」의 경우는 우선 어간인 「く」를 「こ」로 바꾼 후 「られる」를 넣는다(예 来る→来られる). 단, 회화체의 경우, 「くる」는 2류 동사의 「ら抜きことば(ら 탈락 단어)」와 동일하게 중간의 「ら」가 생략된 형태가 가능형으로 사용될 수 있다(예 こられる→これる).

④ 상태변화표현 I (동사 가능형의 상태변화)

~が+동사의 가능형+**ように なりました** ~을/를 ~할 수 있게 되었습니다

동사 가능형의 대표적인 쓰임 중의 하나로 '불가능한 상태에서 가능한 상태로의 전환'을 나타내는 상태변화표현을 들 수 있다. 동사 가능형의 상태변화표현은 동사 가능형 뒤에 「ように(~하게, ~하도록)」와 동사 「なる(되다)」로부터 만들어지는 「ようになりました(~하게 되었습니다)」라는 표현을 접속시켜 만들 수 있다(예 新聞が 読めるように なりました(신문을 읽을 수 있게 되었습니다)). 단, 이때 동사 가능형 앞에 오는 조사는 「を」가 아닌 「が」라는 점이다. 또한, 「ように なりました」라는 표현 앞에는 동사의 가능형뿐만이 아니라 기본형도 올 수 있는데 (예 お酒を 飲むように なりました). 이때는 '하지 않던 상황에서 하는 상황으로의 전환'의 의미를 나타낸다(예 お酒を 飲むように なりました(술을 (마시지 않다가) 마시게 되었습니다)).

⑤ 상태변화표현 II (い형용사의 상태변화)

い형용사의 어간+**く なりました** ~해졌습니다

「い형용사」의 경우도 동사 「なる」를 활용하여 상태변화를 나타내는 표현을 만들 수 있으며, 부정형의 경우와 마찬가지로 어미가 「く」로 바뀐다(예 おいしい+なりました→おいしく なりました(맛있어졌습니다)).

⑥ 상태변화표현 III (な형용사의 상태변화)

な형용사의 어간+**に なりました** ~해졌습니다, ~하게 되었습니다

참고 명사+**に なりました** ~이/가 되었습니다

「な형용사」의 상태변화표현은 어간에 「に なりました」를 붙여 만들 수 있다(예 静かだ+なりました→静かに なりました(조용해졌습니다)). 또한 명사의 경우도 「に なりました」를 사용하여 상태변화표현을 만들 수 있다(예 学生+に なりました→学生に なりました(학생이 되었습니다)).

Lesson 08

友達に ハンカチを あげました

① 수수표현Ⅰ (あげる)

Aは Bに ～を あげます A는 B(다른 사람)에게 ~을 줍니다

일본어에는 다양한 수수(授受)표현이 존재하며, 대표적인 수수동사로는 「あげる(주다)」 「もらう(받다)」 「くれる(주다)」 등이 있다. 이들 수수동사는 ①등장인물의 친소관계(예 나, 우리, 타인 등), ②방향(누구에서 누구로 사물이 이동하는가?) ③시점(예 누구를 기준으로 한 수수관계인가?) 등의 다양한 요인에 의해 선택된다는 점에서 한국어의 수수동사와는 차이를 보인다. 또한 이들 수수동사는 단독으로 사용할 경우 구체적인 사물의 수수관계를 나타내지만(예 本を あげます(책을 줍니다)), 「て형」과 결합하여 추상적인 행위의 수수관계를 나타낼 수도 있다(예 本を 読んで あげます(책을 읽어 줍니다)). 먼저 주어(A)가 '다른 사람'(B)에게 사물을 주는 경우, 수수동사 「あげる」가 사용된다(예 (나(A)→다른 사람(B)) 私は 友達に プレゼントを あげました(나는 친구들에게 선물을 주었습니다) / (다른 사람(A)→다른 사람(B)) 金さんは 山田さんに ハンカチを あげました(김 씨는 야마다 씨에게 손수건을 주었습니다). 이때 '다른 사람'(B)은 조사 「に」를 써서 나타내며(예 私は 子供に プレゼントを あげます), 손윗사람에게 물건을 드릴 경우는 「あげる」 대신 「差し上げる(드리다)」를 사용한다(예 私は 先生に 本を 差し上げました(나는 선생님께 책을 드렸습니다)). 「差し上げる」와 같은 형태의 경어를 일반적으로 존경어(尊敬語)라고 부르며 이에 관한 자세한 사항은 Step.3을 참조.

② 수수표현Ⅱ (もらう)

Aは Bに(から) ～を もらいます A는 B(다른 사람)에게 ~을/를 받습니다

주어(A)가 '다른 사람'(B)으로부터 사물을 받는 경우, 수수동사 「もらう」가 사용된다(예 (다른 사람(B)→나(A)) 私は 山田さんに(から) プレゼントを もらいました(나는 야마다 씨에게 선물을 받았습니다.) / (다른 사람(B)→다른 사람(A)) 母は 山田さんに(から) ハンカチを もらいました(어머니는 야마다 씨에게 손수건을 받았습니다). 단 「もらう」를 사용할 때는 다음의 두 가지 사항에 유의하여야 한다.

첫 번째로 「もらう」는 그 의미 안에 '은혜'의 의미를 갖고 있어 단순한 사물의 수수가 아닌 주어(A)가 '다른 사람'(B)로 부터 사물을 받음으로써 어떠한 은혜를 입었음을 나타낸다. 두 번째로 '다른 사람'을 나타낼 때는 조사 「に」 외에도 「から」를 사용할 수 있다는 점에 주의한다(예 母は 山田さんに(から) ハンカチを もらいました(어머니는 야마다 씨에게(로부터) 손수건을 받았습니다)). 단, 의미적으로는 「~にもらう」가 상대방이나 제3자에게 의뢰를 해서 사물을 받은 경우를 「~からもらう」라고도 할 수 있는데, 주로 의뢰 여부와 상관없이 사물을 받은 경우를 나타낸다. 또한 사람이 아닌 단체의 경우는 「から」만 사용할 수 있다. (예 ○学校から 賞を

もらいました(학교로부터 상을 받았습니다) X学校に 賞を もらいました。)
참고로 손윗사람에게 물건을 받을 때는 「もらう」가 아닌 「いただく」를 사용한다(예 私は 先生に 本を いただきました). 「いただく」와 같은 경어를 일반적으로 겸양어(謙譲語, 자신을 낮춤으로써 상대방을 높이는 단어)라고 부르며, 자세한 사항은 Step.3을 참조.

3 수수표현Ⅲ (くれる)

Aは Bに ～を くれます A는 B(나 또는 *우리)에게 ~을/를 줍니다

*우리 : 내가 속한 그룹이나 가족

'다른사람'(A)가 '나 혹은 나와 친분관계가 인정되는 인물'(B)에게 사물을 줄 때 수수동사 「くれる(주다)」를 사용한다(예 朴さんは 私に プレゼントを くれました(박 씨는 나에게 선물을 주었습니다)). 즉 나를 기준으로 '친분관계가 인정되는 인물(예 친족, 동료 등)'을 '우리'로 가정할 경우, 사물을 받는 주체(B)가 반드시 '나 혹은 우리'로 한정된다는 것이다(예 山田さんは {私 / 私たち / 母}に 漫画を くれました(○)/ 私は {あなた / 彼}に 漫画を くれました(×)). 또한 사물을 받는 주체(B)는 문맥에 따라 생략되기도 한다(예 山田さんは 日本の 漫画を くれました(야마다 씨는 (나에게/우리에게) 일본만화를 주었습니다). 참고로 손윗사람에 대해서는 존경어인 「くださる」를 사용하며(예 山田さんは 日本の 漫画を くださいました). 이에 대한 자세한 사항은 Step.3을 참조.

4 수수표현의 응용Ⅰ (～てあげる)

Aは Bに ～てあげます A는 B(다른 사람)에게 ~해 줍니다

「あげる」「もらう」「くれる」는 「て형」을 동반할 경우 추상적인 행위의 이동(수수관계)을 나타낸다.
먼저 「～て あげる」의 경우, 주어(A)가 다른 사람(B)에게 '(어떤 행위)를 해 준다'라는 의미를 갖는다(예 私は 毎日 子供に 本を 読んで あげます(나는 매일 아이에게 책을 읽어줍니다)). 단, 한국어의 「~해 준다, 해 드린다」와는 달리 일본어의 「～て あげる」표현은 손윗사람이 손아랫사람에게 호의를 베푸는 듯 한 뉘앙스를 지니고 있어 자칫 상대방에게 실례가 될 수도 있다(예 先生、道を 教えて あげます(×) / 先生、道を 教えます(○)→손윗사람에게는 '~해 드린다'의 의미로 「～て あげる」 표현을 사용하지 않고 동사만을 사용한다). 참고로 이러한 상황에서는 존경어인 「差し上げる」를 사용한다 하더라도 절대로 존경의 의미를 나타낼 수 없다(예 先生、道を 教えて 差し上げます(×)).

5 수수표현의 응용Ⅱ (～てもらう)

Aは Bに ～てもらいます B는 A에게 ～해 줍니다

「～て もらう」는 주어(A)가 다른 사람(B)에게서 '(어떤 행위)를 해서 받다'라는 의미를 갖는다(예 私は 金さんに パソコンを 直して もらいました(나는 김 씨에게서 컴퓨터를 고쳐 받았습니다)). 단, '～해서 받다'라는 표현은 한국어에서 잘 사용하지 않는 형태이므로 '다른 사람(B)은 주어(A)에게 (어떤 행위)를 해 줍니다'라는 식으로 해석하는 편이 자연스럽다(예 金さんは 山田さんに 電話番号を 教えて もらいました(김 씨는 야마다 씨에게서 전화번호를 알려 받았습니다→야마다 씨는 김 씨에게 전화번호를 알려 주었습니다)). 또한 「～て もらう」의 경우에도 「もらう」와 마찬가지로 은혜의 의미가 포함되어 있으며, '다른 사람'(B)은 「に」 외에도 「から」로 나타낼 수도 있다는 점에 주의한다(예 私は 山田さんに(から) 電話番号を 教えて もらいました). 참고로 겸양어인 「いただく」를 사용한 「～て いただく」도 많이 사용한다(예 私は 山田さんに 電話番号を 教えて いただきました(야마다 씨는 나에게 전화번호를 알려 주셨습니다)).

6 수수표현의 응용Ⅲ (～てくれる)

Aが Bに ～を ～てくれます A는 B(나 또는 우리)에게 ～을/를 해 줍니다

Aが ～てくれます A가 (나에게) ～해 줍니다

「～て くれる」는 주어(A)가 '나 또는 우리'(B)에게 '(어떤 행위)를 해 주다'라는 의미를 갖는다(예 祖母が 私に 米を 送って くれました(할머니가 나에게 쌀을 보내 주었습니다)). 「くれる」의 경우와 마찬가지로 행위를 받는 주체(B)가 '나 또는 우리'로 한정되어야 하며(예 祖母が {私 / 私たち / 母}に 米を 送って くれました(○) / 祖母が 警察官に 米を 送って くれました(×)), 행위를 받는 주체(B)가 생략될 수 있다는 점에 주의를 요한다(예 妻が (私に) おいしい 夕飯を 作って くれました(아내가 (나에게) 맛있는 저녁을 만들어 주었습니다)). 참고로 존경어인 「くださる」를 이용한 「～て くださる」도 많이 사용한다(예 木村さんは 私の パソコンを 直して くださいました(기무라 씨는 내 컴퓨터를 고쳐 주셨습니다)).

電車(でんしゃ)を 降(お)りた とき、忘(わす)れ物(もの)に 気(き)が つきました

❶ 복문표현Ⅰ (부대상황)

동사·い형용사 ┐
な형용사＋な ├ ＋とき(に)、 ~때(에)
명사＋の ┘

앞문장이 뒷문장의 배경이나 상황, 즉 부대상황(동시에 일어나는 상황)을 나타내는 표현에는 명사 「とき(때)」를 활용한 복문표현을 들 수 있다. 이 「とき」는 원래 한자명사 「時(とき)」를 가리키나 문장과 문장을 연결하는 접속사로써 기능할 경우, 주로 히라가나로 표기하며 뒤에 조사 「に」를 수반하는 경우도 있다(예 駅(えき)に ついた とき(に) 역에 도착했을 때(에)). 또한 「とき(に)」앞에 오는 형태는 품사에 따라 각각 그 종류를 달리한다. 먼저 동사와 「い형용사」의 경우, 기본형이나 과거형이 오게 된다(예 (동사) 勉強(べんきょう){する / した} とき(に) / (형용사) {寒(さむ)い / 寒(さむ)かった} とき(に)). 한편 「とき」는 위에서 언급한 바와 같이 품사상 명사에 해당하므로 명사가 앞에 올 경우에는 「の」를 삽입하여 수식관계를 나타내며(예 学生(がくせい)の とき(학생일 때)), 「な형용사」의 경우에도 「な」를 이용하여 수식관계를 나타낸다(예 複雑(ふくざつ)な とき(복잡한 때)).

❷ 복문표현Ⅱ (목적·의도)

동사 기본형＋ために ~하기 위해서
명사＋の＋ために ~을 위해서

앞문장이 뒷문장의 목적이나 의도에 해당하는 표현에는 「ために(~위해서)」를 활용한 복문표현을 들 수 있다(예 大学(だいがく)に 入(はい)るために、一生懸命(いっしょうけんめい) 勉強(べんきょう)します(대학에 들어가기 위해서 열심히 공부합니다)). 이 복문표현은 위의 「とき(に)」표현과는 달리 앞에 오는 품사의 종류가 동사와 명사로 한정되는데, 이는 「い·な형용사」의 경우 목적·의도가 아닌 단순한 이유·원인의 의미를 나타내기 때문이다(예 おいしいために(맛있기 위해서(×) / 맛있어서(○)), 複雑(ふくざつ)なために(복잡하기 위해서(×) / 복잡해서(○)). 또한 「ために」 앞에 오는 동사의 형태에도 제약이 있어 기본형의 경우 목적·의도를 나타내지만, 과거형이 올 경우에는 이유·원인의 의미를 나타내게 된다(예 大学(だいがく)に 入(はい)るために 勉強(べんきょう)をした(대학을 들어가기 위해서 공부를 했다) / 大学(だいがく)に 入(はい)ったために 就職(しゅうしょく)できた(대학을 들어갔기 때문에 취직할 수 있었다)). 마지막으로 「ため」는 원래 한자명사 「為(ため)」를 가리키나 「時(とき)」와 마찬가지로 복문표현으로 사용될 경우 히라가나 표기를 주로 하며, 앞에 명사가 올 경우 「の」를 삽입하여 수식관계를 나타낸다(예 健康(けんこう)のために(건강을 위하여)).

③ 복문표현Ⅲ (객관적인 이유·원인)

동사·**い**형용사 명사·**な**형용사＋**な**	＋**ので** ~이라서, ~이기 때문에

앞문장이 뒷문장의 이유나 원인이 되는 경우, 「ので(~이라서, 이기 때문에)」를 이용한 복문표현을 사용할 수 있다. 이 「ので」는 형식명사인 「の」에 「で」가 결합한 형태이며, Step.1에서 학습한 「から」와 의미적으로 유사한 성질을 갖는다(예 おいしいから / おいしいので (맛있어서)). 단 개인적·주관적인 판단에 근거한 이유·원인을 나타내는 「から」에 비해 「ので」는 보다 객관적인 판단에 근거한 이유·원인을 나타내며, 이로 인해 공적인 상황이나 존경표현에서 많이 사용되는 경향이 있다(예 おいしいから たくさん 食べました(맛있어서 많이 먹었습니다–개인적·주관적 판단에 근거한 이유·원인) / 雨が 降って いるので、試合は 中止です(비가 오기 때문에 시합은 중지입니다–객관적 판단에 근거한 이유·원인)). 또한 앞에서 설명한 바와 같이 「ので」의 「の」는 형식명사의 일종이므로 「な형용사」가 앞에 올 경우 수식관계를 나타낼 수 있는 「な」의 도움을 필요로 한다(예 暇なので(한가해서)). 단 명사의 경우, 「とき」나 「ため」와 마찬가지로 「の」를 삽입하게 되면 「の」가 두 번 중복되므로(예 田舎ののので(×)), 이를 피하기 위해 「の」 대신에 「な」를 사용한다(예 田舎なので(시골이라서)).

④ 복문표현Ⅳ (역접)

동사·**い**형용사 명사·**な**형용사＋**な**	＋**のに** ~는데, ~인데

앞문장과 뒷문장이 상반되는 내용의 역접관계일 경우, 「のに(~인데)」를 활용한 복문표현을 사용할 수 있다. 이 「のに」는 「ので」와 마찬가지로 형식명사인 「の」에 「に」가 결합한 형태이며, Step.1에서 학습한 역접조사 「が」와 의미적으로 유사한 성질을 갖는다(예 勉強したのに、合格できませんでした(공부했는데 합격하지 못했습니다) / 勉強しましたが、合格できませんでした (공부했지만 합격하지 못했습니다)). 「ので」와 마찬가지로 명사가 「のに」 앞에 올 경우, 「の」의 중복사용을 피하기 위해 「な」를 넣는다(예 日曜日ののに(×) / 日曜日なのに(○) (일요일인데)).

⑤ 정도표현Ⅰ (보조동사 すぎる)

동사의 **ます**형
い·な형용사의 어간 ┘+ **すぎる** 지나치게(너무) ~하다

어떤 동작이나 상태의 정도를 나타내고자 할 때, 보조동사 「すぎる」를 활용한 표현을 사용할 수 있다. 원래 「すぎる」는 '지나치다'라는 의미를 지닌 본동사로서 단독으로도 사용이 가능하나(예 正午(しょうご)を 過(す)ぎて(정오를 지나서)), 동사의 「ます형」이나 「い·な형용사」의 어간과 결합한 보조동사의 형태로 사용되면 '지나치게(너무) ~하다'라는 의미를 갖게 된다(예 コーヒーを 飲(の)みすぎる(커피를 너무 마시다) / 家賃(やちん)が 高(たか)すぎる(집세가 지나치게 비싸다) / この 服(ふく)は 派手(はで)すぎる(이 옷은 지나치게 화려하다)).

⑥ 정도표현Ⅱ (보조형용사 やすい와 にくい)

동사의 **ます**형 + [**やすい** ~하기 쉽다
にくい ~하기 어렵다

어떤 동작이 완결되거나 수행되기까지 필요한 어려움의 정도를 나타낼 때 보조형용사 「やすい(~하기 쉽다)」와 「にくい(~하기 어렵다)」를 활용한 표현을 사용할 수 있다. 위에서 설명한 보조동사 「すぎる」와 마찬가지로 「やすい」와 「にくい」도 각각 단독으로 사용이 가능한 형용사이지만(예 物価(ぶっか)が やすい(물가가 싸다) / あの 男(おとこ)が にくい(그 남자가 밉다)), 동사의 「ます형」과 결합하여 보조형용사로 사용되면 각각 '~하기 쉽다'와 '~하기 어렵다'의 의미로 사용된다(예 この お皿(さら)は 割(わ)れやすい(이 접시는 깨지기 쉽다) / この お皿(さら)は 割(わ)れにくい(이 접시는 깨지기 어렵다, 이 접시는 좀처럼 깨지지 않는다)). 참고로 보조형용사로 사용될 때의 「やすい」와 「にくい」는 단독으로 사용이 가능한 「安(やす)い(싸다)」와 「憎(にく)い(밉다)」와는 차이를 보인다.

Lesson 10

おもしろい 映画(えいが)だと 思(おも)います

1 보통체

품사	기본형	정중체	보통체			
			현재	부정	과거	과거부정
명사	学生(がくせい)だ (명사문)	学生(がくせい)です	学生(がくせい)だ	学生(がくせい)ではない	学生(がくせい)だった	学生(がくせい)ではなかった
い형용사	赤(あか)い	赤(あか)いです	赤(あか)い	赤(あか)く ない	赤(あか)かった	赤(あか)く なかった
な형용사	きれいだ	きれいです	きれいだ	きれいではない	きれいだった	きれいではなかった
동사	行(い)く	行(い)きます	行(い)く	行(い)かない	行(い)った	行(い)かなかった

일본어의 보통체(普通体)란 형태적으로 정중표현인 「です」「ます」를 동반하지 않는 형태를 말한다. 정중표현인 「です」「ます」 형태가 아니므로 한국어로는 흔히 '반말'로 해석되는 경우가 많으나, 밑에서 다룰 전언표현, 종속의문문 등의 특정한 문형에서는 정중함과 상관없이 보통체를 사용해야만 하는 경우가 있으므로 '반말'과는 다소 차이를 보인다고 할 수 있다. 또한 보통체는 기본형과도 구별되는데, 기본형은 시제나 부정 등의 요소를 배제한 기본적인 동사나 형용사의 형태(단, 명사의 경우는 명사문)를 가리키는데 반해(예 赤(あか)い의 기본형은 赤(あか)い), 보통체는 시제나 부정 등의 요소를 모두 포함한 포괄적 개념이라는 점에 주의한다(예 赤(あか)い의 보통체는 赤(あか)い(현재형), 赤(あか)く ない(현재부정), 赤(あか)かった(과거형), 赤(あか)く なかった(과거부정형)).

2 보통체의 쓰임 I (전언)

보통체+と 言(い)いました ~라고 말했습니다, ~라고 했습니다

보통체가 많이 사용되는 대표적인 표현에는 「~と 言(い)いました(~라고 하였습니다)」를 이용한 전언(伝言)표현이 있다. 전언이란 남으로부터 들은 내용을 다른 제3자에게 전달함을 말하며, 이때 사용되는 「と 言(い)いました」의 앞에는 정중형이 아닌 보통체가 온다는 점에 주의한다(예 彼(かれ)は 明日(あした) 来(き)ませんと 言(い)いました(×) / 彼(かれ)は 明日(あした) 来(こ)ないと 言(い)いました(○)). 또한 실제 회화에서는 「~と 言(い)いました」보다 「~と 言(い)って いました」가 많이 사용되는 경향이 있다(예 警官(けいかん)が 犯人(はんにん)を 捕(つか)まえたと 言(い)って いました(회화체)).

③ 보통체의 쓰임Ⅱ (화자의 의견·생각)

보통체+と 思います ~라고 생각합니다

전언표현과 함께 보통체를 필요로 하는 표현에는 화자의 의견이나 생각을 나타내는 「~と 思います(~라고 생각합니다)」가 있다. 「~と 言いました」와 마찬가지로 「~と 思います」의 앞에는 정중형이 아닌 보통체가 온다는 점에 주의한다(예 この 本は 役に 立ちますと 思います(×) / この 本は 役に 立つと 思います(○)).

④ 환언표현

~と いいます ~라고 합니다 (단, **~という~** ~라고 하는 ~)

환언(換言)표현이란 문제로 삼고 있는 어떤 대상을 유사성 혹은 동일성이 인정되는 다른 대상으로 바꿔 부를 때 사용되는 표현이다(예 これは 日本語では はさみと いいます→これ와 はさみ는 동일한 대상을 가리킴(これ=はさみ)). 「と いいます(~라고 합니다)」는 전언표현인 「と 言います(~라고 하였습니다)」와는 달리 한자표기가 아닌 히라가나 표기가 원칙이며 앞에는 주로 보통체가 오나, 단 명사의 경우에 한해서는 명사문이 아닌 명사가 단독으로 오는 점에 주의한다(예 これは 日本語では はさみだと います(×) / これは 日本語では はさみと います(○)). 또한 문말표현이 아닌 명사수식절과 같은 접사(接辞)적인 용법의 환언표현으로는 「~という~(~라고 하는~)」가 있으며(예 「タマ」という 名前の 猫が います), 이때도 히라가나 표기를 원칙으로 한다.

⑤ 선택표현

동사·**い**형용사의 보통체	+ **か どうか** ~인지 아닌지
명사·**な**형용사의 어간	

두 가지 선택사항을 나열할 경우에 사용되는 표현으로는 「~か どうか~(~인지 아닌지~)」를 들 수 있다. 「か どうか」의 앞에는 품사의 종류에 따라 각기 다른 형태가 나타나는데, 먼저 명사와 「な형용사」의 경우 명사문과 기본형에서 각각 「だ」가 생략된 형태가 오며(예 学生だか どうか(×) / 学生か どうか(○), まじめだか どうか(×) / まじめか どうか(○)), 동사와 「い형용사」의 경우는 보통체가 오게 된다(예 試験を 受けたか どうか / おいしいか どうか).

⑥ 종속의문문 (문장 안에 포함된 의문문)

의문사 + [동사·**い**형용사의 보통체 / 명사·**な**형용사의 어간] + **か** ~인지

종속의문문이란 문장 안에 삽입된 의문문을 말하며, 의문조사「か」앞에 오는 품사의 형태는「か どうか」의 경우와 동일하다(예 誰が 学生か 分かりません / 誰が まじめか 分かりません / いつ 出発するか 分かりません / どれが おいしいか 分かりません).

memo

memo

memo

2ND EDITION

다락원 뉴코스 일본어 STEP2 는

- 만화를 통한 다이나믹한 회화
- 원포인트 해설과 연습문제를 통한 문법 이해
- 다양한 게임을 통한 말하기와 쓰기 연습
- 함께하는 말하기를 통해 실전 회화 능력 향상